Friedrich Christian Kirchhoff

Adelpha

2. Band

Friedrich Christian Kirchhoff

Adelpha
2. Band

ISBN/EAN: 9783743433632

Hergestellt in Europa, USA, Kanada, Australien, Japan

Cover: Foto ©ninafisch / pixelio.de

Manufactured and distributed by brebook publishing software (www.brebook.com)

Friedrich Christian Kirchhoff

Adelpha

Eider und Rhein.

Bilder aus beiden Hemisphären.

Gedichte

von

Christian und Theodor Kirchhoff.

Altona. — San Francisco.

Altona.

Verlag von Oscar Sorge.

1871.

Deutschlands neue Kaiser-Eiche
Trieb der Wurzeln junge Kraft
Fest in Schleswig-Holsteins Erde
An der deutschen Meere Strand:
Und ein wunderbares Werde
Ließ sie über's ganze Land,
Glanz und Schutz dem deutschen Reiche
Wachsen voll und dauerhaft.
Ihren Fuß netzt frei die Eider;
Und im Sturm und goldnen Schein
Bis an's Land der welschen Reider
Rauscht sie überm freien Rhein.

Christian.

Kreuz und quer
Ueber Land und Meer
Kommt, Freunde, lasset uns wandern;
Daher, dahin,
Mit leichtem Sinn,
Von einem Welttheil zum andern!

Theodor.

Inhalt.

—⚹—

Vaterlandslieder.

Schleswig-Holsteins Befreiung.

Das deutsche Reich.

Der Krieger und sein Mädchen.

(Christian und Theodor.)

Bilder aus beiden Hemisphären.
(Theodor.)

Europa.

Amerika.

Vaterlandslieder.

Von

Christian und Theodor

Kirchhoff.

Aus der Völker Ringen und Streit
Reift die Kraft und Gestalt der Zeit;
Und aus der wechselnden Stimmung der Jahre
Bildet sich das bleibende Wahre.

Christian.

Vorbemerkung.

Die Berechtigung, die Menge vaterländischer Gedichte, welche in diesem Jahre erscheinen, mit dieser neuen Sammlung zu vermehren, suchen die Verfasser derselben in dem Umstande, daß diese „Vaterlandslieder" die Geschichte der deutschen Einheitsbewegung dem Auslande gegenüber von der Zeit der ersten schleswig-holsteinischen Erhebung an begleiten.

An Schleswig-Holstein's Kampf hat dieses Werden Deutschland's zweimal, in Unglück und Glück, seinen Anlaß genommen; und Niemand sollte es verkennen, daß in diesem lange an Dänemark in Liebe und Feindschaft geketteten Gliede des großen Vaterlandes sich mit einem ausgeprägten Stammesgefühl die deutsche Gesinnung eng verband.

Die Verfasser haben in dem Gottlob! kurzen Bürgerkriege von 1866, der dem deutschen Herzen eine schwere Prüfung, aber geschichtlich im Großen leider nothwendig war, Preußen's Sieg gehofft, in dem festen Glauben, daß derselbe zu einem einigen Deutschland führen werde.

In diesem Sinne begrüßte ich auch mit frohen Gefühlen die Freundschaft, welche die dem Kriege gegen Frankreich fern bleibenden österreichischen Deutschen den kämpfenden Brüdern

1*

bezeugten, und freue mich herzlich des Bundes, welchen vor Kurzem die verwandten Kaiser und ihre Kanzler geschlossen haben. Möge der Theil der folgenden Lieder, womit ich Oesterreich's Antheil an unserer Befreiung von Dänemark feiere, ein Zeugniß davon sein, daß wir seiner hier nicht vergessen haben.

Meines Bruders Gedichte aus der Zeit der ersten Erhebung Schleswig-Holsteins widmen sich, als die eines alten Kameraden, im Besondern den schleswig-holsteinischen Kampfgenossen aus jenen Jahren.

Am Ende aber mögen sich auch unsere Lieder in den allgemeinen Chor mischen, der jetzt des neuen deutschen Reiches und seines Kaisers Triumph singt, und ein Sinnbild davon sein, wie sich die Stimmen aus zwei Welttheilen von diesseits und jenseits des Oceans darin vereinigen.

Altona, im September 1871.

Christian.

Erinnerungen an Schleswig-Holsteins Erhebung.

Den schleswig-holsteinischen Kampfgenossen gewidmet
von
Theodor Kirchhoff.

Oft, wenn ich träum'risch denke an alte Zeit zurück,
Da wird's so sonnenhelle vor meiner Seele Blick.
Gestalten seh' ich schreiten im blanken Waffenschmuck;
Dann däucht mir fast, ich fühle der Freunde Händedruck.

Das waren Wonnetage, als, wie im Festgewand,
Der Völkerfrühling einzog in's weite deutsche Land!
Und folgten bitt're Jahre, — vergessen sei ihr Leid!
Denn Größ'res, als wir hofften, gab uns die neue Zeit.

Ich denk's mit heil'gem Schauer, wie einst das große Wort
Von Thatenkraft und Freiheit erscholl von Ort zu Ort;
Wie Deutschland's Heldenjugend zum Norden jubelnd zog,
Das schwarz-roth-gold'ne Banner vor unsern Reihen flog.

Dein Lied, o Schleswig-Holstein, es war ein Weihesang,
Der wie ein Zauber glühend in alle Herzen drang!
An Deinem Strande ward sie gesä't die heil'ge Saat,
Die jetzt in Deutschland herrlich die Frucht getragen hat.

Atzbüll und Gravenstein.

3. und 4. April 1849.

Kanonendonner hör' ich rollen,
Und Pulverwolken zieh'n dahin.
Zum Sturme wächst des Wetters Grollen;
Ich jauchze, daß ich Deutscher bin!
Denn mit dem Schwerte in der Hand
Erscheint mein großes Vaterland.

Saht ihr's, wie stolz die Flaggen wehten
Von hohen Masten auf dem Meer!
Wie prahlend sich die Segel blähten!
Die Schiffe kreuzten hin und her!
Nach ihren Inseln seht sie flieh'n
Vor'm Donner unf'rer Batterien.

Hier kommt mein junges Heer gezogen,
Und singt ein Lied voll Kampfeslust;
Die Kugeln kommen wild geflogen,
Und höher hebt sich jede Brust.
Mein Schleswig=Holstein stürmt zur Schlacht;
Erzitt're, stolze Dänenmacht!

Und lauter tönen unf're Lieder,
Und wilder wird der Freiheitskampf:
Wohl stürzt getroffen Mancher nieder,

Umhüllt vom dichten Pulverdampf;
Doch der Geschütze Donner hallt
Wie Jubel vorwärts durch den Wald.

Da ruft der Brave noch im Scheiden
Ein Hoch dem deutschen Vaterland;
Und stirbt in kühnen Siegesfreuden,
Die blanke Waffe in der Hand.
Und vorwärts eilt, umbraust vom Tod,
Sein siegreich Banner, blau-weiß-roth.

Eckernförde. *)
5. April 1849.
I.
Die Abfahrt.

Was donnern die Kanonen
So trotzig mit ehernem Mund
Vom Felsen der Drei Kronen
Weit über den wogenden Sund?

Wem droh'n mit zornigem Tosen
Die züngelnden Flaggen am Mast?
Was jubeln die Matrosen,
Und spannen die Segel mit Hast?

*) Christian und Theodor.

Tod sendet den Rebellen
Der racheschnaubende Nord:
Wild jauchzt es auf den Wellen;
Stolz ziehen die Wikinger fort.

II.

Der Morgen.

Am schallenden Gestade
Der Ostsee steht allein
Die Schildwacht, schweigsam, grade,
Und blickt in's Meer hinein.

Die langen Wogen schwellen,
Verrinnen auf dem Sand;
Es murren laut die Wellen
Vom frev'len Inselland.

Im fernen Osten tagt es;
Hell wird's auf weiter See:
Mit schlanken Masten ragt es
Am Rand der Himmelshöh.

Da wirbelt's in den Gassen;
Es trommelt fern und nah.
Laut ruft's in allen Straßen:
Der Feind, der Feind ist da!

Und wie die Schiffe steigen
Im vollen Morgenglanz,
Und sich die Masten neigen
Im muntern Wellentanz:

Da bringt vom deutschen Lande
Ein Hurrah himmelan;
Das hallt vom hohen Strande
Hinaus zum Wogenplan.

III.
Der Feind.

Die Raaen von schwellenden Segeln gebogen,
Die Orlogsflagge am ragenden Mast,
Kommt stolz das Linienschiff *) gezogen,
Entlang die Bai mit stürmischer Hast.

Hervor aus den Luken, im finstern Raume,
Da gähnt der Kanonen dreifacher Reihn:
Am Buge umsprützt von wirbelndem Schaume,
So braust der Gigant in den Hafen herein.

Und hinter ihm, auf den schwankenden Wogen,
Kommt leicht, wie ein schwebender Vogel, geschwind
Die schlanke Fregatte **) daher geflogen,
Die Dannebrogsfahne hochflatternd im Wind.

*) Christian VIII.   **) Gefion.

Und goldumstrahlt im blauen Gefilde
Kreuzt drohend der Dänen Geschwader vorm Port.
Wie der Leu mit dem Schweife sich peitscht, der wilde,
So schlägt sich's mit schneeigem Gischt um den Bord.

IV.

Der Kampf.

Hei! wie so grimmig die Kugeln pfiffen
Ueber die Bai von den feindlichen Schiffen!
Prasselnd zerschlug's das Geschütz auf dem Walle;
Weithin hallten die Ufer vom Schalle.
Langsam vorüber schwammen die Sieger;
Grollend trieb sie die Woge zum Streit.
Dänemarks seegewohnte Krieger
Warfen die Anker und legten sich breit.

Da pochte wohl manchem Deutschen das Herz!
Doch sprang von den Lippen der heit're Scherz.
Wild schlugen die brausenden Bomben daher:
Da rauschten und sangen die Wasser im Meer;
Da sangen gewaltig am baltischen Strand
Die deutschen Kanonen vom Vaterland.
Fern schauten's die Freunde von Stadt und Höhn;
So schauten sie nimmer, so schaurig und schön.

Grausig spieen die wüthenden Drachen
Ströme von Flammen aus brüllenden Rachen.
Hei! wie's da regnete eiserne Tropfen!
Muthige Herzen hörte man klopfen:
Kugel auf Kugel durchwühlte die Schanzen;
Eiserne Männer trug eiserner Grund.
Lustiger war kein Kriegestanzen;
Zorniger rief kein eherner Mund.

Wer sitzt auf freiem Walle so kühn?
Weiß nicht vor dem donnernden Tode zu flieh'n.
Gut hat er gezielt im wallenden Dampf,
Schaut trotzig hinaus in den tobenden Kampf.
Wohlauf, Kameraden! nun tummelt euch frisch!
Jetzt beiße, du Dogge, den bauchigen Fisch: *)
Jetzt belle freudig; nun halt' ihn gefaßt!
Schon zittert die weiße Flagge am Mast. —

Wiederum donnert es von den Schanzen;
Tausend Bälle hinübertanzen.
Gierig nach Pulver durchweht dich die Flamme,
Königlich Haus vom nordischen Stamme.
Wie zitterst du, Seeland's Göttermaid,
Nun Deutschland mit glühendem Kuß dich freit!
Heiß näßt dein Antlitz Nassau mit Blut;
Jetzt beuge, o König, den stolzen Muth!

*) Ein damals oft gebrauchtes Bild.

V.

Der Sieg.

Zerschmetterte Planken, zerrissene Glieder,
Die Wände triefend vom blutigen Thau,
Zerschossen das rettende Tau der Brüder, *)
Die Hülfe entfloh'n auf schäumender Au,
Vom Ufer ein Krachen sonder Rast —
Da sanken die Dannebrogsflaggen vom Mast.

    Mit ihren ernsten Farben
    Flog rauschend die deutsche Fahn',
    Und dankte dem Gott der Schlachten,
    Und flatterte himmelan.

Nun schwieg der Kanonen furchtbares Schelten;
Bald hatte das Echo ausgegrollt.
Laut hallte der Jubel hinauf in die Welten;
Die brausende Woge kam grüßend gerollt.
Stumm ruhten die ehernen Munde schwer;
Rasch kühlte der Wind sie vom brandenden Meer.

*) Das Bugsirtau ward zerschossen.

VI.

Der Brand.

Der Frühlingssonne letzte Gluthen
Verblichen über'm Angelnland,
Und auf der Ostsee leeren Fluthen
Liegt Grabesnacht. Den weiten Strand
Erfüllet jauchzendes Getümmel,
Und von der Bai flammt's auf gen Himmel.

O stolzer Herrscher! den Rebellen
Erlagst du in der grimmen Wahl;
Des deutschen Portes düstre Wellen
Bescheint dein schrecklich=schöner Strahl.
Zur Rettung ruft die tapfern Sieger
Der Angstschrei deiner trotz'gen Krieger.

Stark trugst du auf den falschen Wogen
Zum Tod die siegestrunk'ne Schaar;
Von deinem Königswort betrogen
Erhaschte sie der deutsche Aar.
Nun trägst du grausenhaftes Sterben,
Durchwogt von feurigem Verderben.

Da wagt, den Todfeind kühn zu retten
Das eig'ne Leben edler Muth:
Euch wollten sie in Schanden ketten;
Ihr reißt sie aus der Flammen Gluth.
Die Ueberwund'nen schlägt auf's Neue
Mit starkem Arm die deutsche Treue.

Doch plötzlich sprengt's mit dumpfem Krachen
Bis in die Wolken Schiff und Mann;
Den Retter *) selbst und seinen Nachen
Reißt das Verderben himmelan.
Da hörte aus dem Donnermunde
Europa königliche Kunde.

Die rothe Kriegesfackel wehte
Hochstrahlend über Land und Stadt;
Weit über Schleswig's Fluren säte
Der König heiße Thränensaat.
Und auf der Bai im öden Dunkel
Lag schwarz das Wrack beim Sterngefunkel.

VII.
Die Gräber.
Den 31. December 1849.

Wie stille ruhn die Krieger!
Wie kalt die Mitternacht!
Es hält am Grab der Sieger
Ein Posten einsam Wacht.

Die See rauscht dumpf und schaurig;
Gespenstisch ist's am Strand;
Der Mondenglanz liegt traurig
Auf bleichem Ufersand.

*) Preußer.

Was regten sich die Trümmer!
Was war's, das bange rief?
War's nicht, wie dumpf Gewimmer
Hier aus den Gräbern tief?

Wie sind sie so gefallen
Den alten Helden gleich!
Seht über's Meer ihr wallen
Die Schatten, groß und bleich?

Und betend singt er leise
Das Lied vom Vaterland,
Singt Schleswig=Holstein's Weise
An seiner Gräber Rand.

Kolding und Vanderup.

23. April 1849.

In Kolding hing am Thurme,
Umbraust vom Schlachtgeschoß,
Die deutsche Fahn' im Sturme
Hoch über'm Dänenschloß.

Bei Vanderup ging's muthig
Mit Hurrah durch den Wald,
Und manch' Gewehr hat blutig
Zum letzten Mal geknallt.

Auf Kolding's Feldern waren
Die braven Jäger dran;
Da flohen die Husaren;
Es stürzten Roß und Mann.

Bei Vanderup ging's weiter
Mit Sturmschritt an den Bach,
Wo manchem wackern Streiter
Im Kampf das Auge brach.

Am hohen Ostseestrande,
In Kolding, auf der Brück',
Da floh mit Schimpf und Schande
Der starke Feind zurück.

Bei Vanderup im Thale,
Vor seiner wilden Flucht,
Da hat zum letzten Male
Der Feind den Kampf versucht.

In Kolding auf den Gassen
Hat's deutsche Heer die Nacht,
In Vandrup auf den Straßen
Im Siegesrausch durchwacht.

Die tapf're Ordonnanz.

Gudsö, 7. Mai 1849.

Bei Gudsö über'm Nebelthal,
Auf grünem Bergesrand,
Bonin, der wack're General,
Bei den Geschützen stand;
Vor sich die hohen Dänenschanzen,
Und um sich rasche Ordonnanzen.

Im engen Thalgrund dringt das Heer
Im Sturmschritt tapfer vor,
Und stürmt mit blitzendem Gewehr
Die Taulovhöh' empor;
Wo Pulverwolken drohend ziehen,
Die dunklen Schanzen Blitze sprühen.

„Hier, Ordonnanz, bring' dies Papier
Zum linken Flügel dort!" —
Schnell wirft er sich auf's edle Thier;
Und im Galopp geht's fort.
Der blaue Mantel weht im Winde;
Es blitzt der Stahlhelm durch die Gründe.

2

Da hat der Feind ihn reiten sehn,
Und richtet sein Geschütz;
Und von den erzgekrönten Höhn
Zuckt dampfend schon der Blitz.
Die Kugel reißt den Arm in Stücken,
Den Reiter von des Pferdes Rücken.

Man legt ihn auf die blut'ge Bahr'
Und drängt sich um ihn dicht;
Er aber streicht sein flatternd Haar
Aus bleichem Angesicht,
Und ruft, indem er seiner Schmerzen
Gewalt bezwingt, mit starkem Herzen:

„Was sprecht ihr jetzt von Mitleid mir,
Steht müssig um mich her?
Da, bringt dem Obrist dies Papier.
Ein Hurrah für das Heer!
Die deutsche Fahne müßt ihr pflanzen
Noch heute auf die Dänenschanzen!"

Und als er schon im Sterben lag,
Am Abend nach der Schlacht,
Hat man ihm, eh' sein Auge brach,
Die Siegesmähr gebracht.
Und als die Nachricht kaum gekommen,
Hat ihn der Tod hinweggenommen.

Fridericia.
(1849.)

I.

Auf Feldwacht an der „Ziegelei".

Auf hohem Hügel stehet
       vor Fridericia
Die „Ziegelei" so sonnig
       mit rothen Mauern da;
Vor ihr in Pulverwolken
       der Festungswälle Kranz,
Zur Seite, herrlich schimmernd,
       des Meeres Spiegelglanz.

Wie ist es gar so wohnlich
       im schattig kühlen Raum!
Auf duft'ges Heu gebettet,
       als wär's auf weißen Flaum,
Das Feuer, Funken knisternd,
       die Kessel schwatzend d'ran, —
Auf lust'ger Feldwacht liegend,
       im Kreise, Mann an Mann.

Bepflanzt mit Bayonetten,
         die Helme d'ran gehängt,
Stehn schußrecht die Gewehre,
         geladen, dicht gedrängt;
Und draußen wacht ein Posten
         am laubgekrönten Wall,
Um Warnung schnell zu geben,
         vor list'gem Ueberfall.

Die Flasche geht die Runde.
         Das rieselt warm durch's Blut,
Und macht die Pulse schlagen
         mit neuer Lebensgluth!
Aus bunten Pfeifen ringeln
         die Wolken blau empor,
Und Schleswig=Holstein schallt es
         im lauten Männerchor.

Dazwischen brummt gewaltig
         der Mörser Eisenmund.
Die losen Steine fallen
         erschüttert auf den Grund.
Vom Festungswalle donnern
         Kanonen ohne Zahl;
Durch Ziegelspalten leuchtet's,
         wie rother Wetterstrahl.

Das sind die Baßaccorde,
  wenn's krachet, saust und knallt,
Und teuflisch, dicht am Dache
  der Schrei der Bombe schallt!
„Was ist dir, mein Rekrutchen,
  du wirst so seltsam blaß?“ —
„„Ich fürchtete beim Knallen,
  es spring' ein volles Glas!““

Horch, Flintenschüsse knattern!
  Ho, Burschen, aufgepaßt!
Und hurtig statt der Gläser
  's Gewehr zur Hand gefaßt!
Die Kessel und die Flaschen,
  ihr wackern Grenadier',
Die sollen Schildwacht stehen
  beim hellen Feuer hier!

Schon schlägt es an die Mauern —
  wie Tropfen, groß und schwer,
Beim Tropenregen plätschern
  auf spiegelblankem Meer.
Ob die Kanonen donnern,
  das kümmert uns nicht viel!
Doch so ein blei'rner Regen,
  der mahnt an ernstes Spiel!

Den Feind zurückzuschlagen,
      stehn wir am grünen Wall.
Hei! wie herüber, hinüber
      es pfeifet — Blitz und Knall!
Wie singt das Blei so lustig!
      und droben in der Luft,
Da brausen die Granaten,
      als ob es Hurrah ruft!

Ei sieh! wie so in Eile
      der Däne retirirt! —
Doch dort ein Jäger wankend,
      den man am Arme führt! —
Da schweigen uns're Kugeln.
      Geh' sicher, immerzu!
Verwundete sind heilig!
      Geh' langsam, langsam, du!

Auch wir, Gewehre kreuzend,
      des Kriegers Todtenbahr'
'nen Kameraden tragend,
      zieh'n heim in ernster Schaar.
Wir haben ihn begraben
      am grünen Bergeshang,
Bei Fridericia's Donnern,
      als sacht die Sonne sank.

II.

Am „Vogelsang"-Gehölz.

Hinweg vom Waffengelärme
        und betäubendem Trommelklang
Zum schattigen, grünen Walde,
        dem traulichen „Vogelsang"!
    Träume der Heimath schweben
        unter den Buchen dort;
    Muntere Vöglein zwitschern
        trübe Gedanken fort.

Da streck' ich am Waldesrande
        auf's Moos mich, so sammetweich,
Den blanken Helm zur Seite
        und das funkelnde Waffenzeug.
    Doch in die einsame Ferne
        folgt mir der Kriegesschall;
    In den Frieden des Waldes
        dröhnt der Geschosse Knall.

Ein Bombenwölflein, umleuchtet
        von blendendem Sonnenglanz,
An's blaue Gewölbe mitunter
        sich hängt wie ein Silberkranz;
    Weiß von grünenden Hecken
        kräuseln die Schüsse auf,
    Schimmern am Busch, als wüchsen
        schneeige Blümlein drauf.

Doch fort vom Bilde des Krieges
        den Blick! wie mahnen mich traut
An die Heimath das Meer, die Fluren
        und der Wald, von Sängern laut!
    Grünende Wälle umkränzen
        Felder im Frühlingskleid;
    Röthliche Dächer liegen
        malerisch rings zerstreut.

Fern wandelt auf ähnlichen Fluren
        wohl jetzt ein Mägdelein hold.
Es tändeln die Sonnenstrahlen
        mit der ringelnden Locken Gold.
    Langsam geht sie und senket
        trüb' auf den Boden den Blick —
    „Ob aus dem Donner der Schlachten
        je Er kehret zurück?“ —

O, schämet euch, Kriegersaugen,
        die feucht nun geworden sind,
Weil eben so traurig schreitet
        ein goldgelocktes Kind!
        Horch! es schmettern die Hörner!
                Schüsse knattern so hell!
        Hurrah von fern aufbrauset,
                dumpf, wie der Brandung Well'!

Lebt wohl, ihr grünenden Hallen,
        du traulicher „Vogelsang"!
Zum Kampfe rufet den Träumer
        der schmetternden Hörner Klang.
        Mädchen mit sonnigen Locken
                bete ein still Gebet!
        Vaterland ruft, dein Liebster,
                fröhlich zum Streite geht!

III.

Eröffnung der Laufgräben.

1.

Schwarze Nacht ist's, grabesdunkel,
Und der gold'nen Sterne Gefunkel
Ist erloschen.   Blutigroth
Sprüht der Tod
Flammend durch die Nacht,
Und der Donner der Geschütze kracht.
Sachte, Kameraden, sachte! leisen Trittes schleicht daher!
Mit gespanntem Hahne haltet unterm Mantel das Gewehr,
Daß der Schein vom Eisen nicht
Tückisch zu dem Feinde spricht!
Hack' und Schaufel auf der Schulter, und das Blei im
Feuerrohr —
Muth im Herzen! — Seht! ein grauf'ges Meteor! —
Langsam kommt die Bombe im Bogen
Schwirrend und heulend herübergeflogen.
Ha! wie's gierig mit glühendem Auge schaut!
Muthigen Herzen beim Anblick graut!
Erklommen schon hat sie des Bogen's Zenith.
Dann auf wild'rer Flucht,
Wirbelnd hernieder
Mit Flammengefieder,

Greller und heller,

Schneller und schneller,

Jauchzend ihr Grab sie sucht,

Lauter kreischend ihr teuflisch Lied. —

Deckung gesucht, Kameraden all',

Vor des eisernen Seglers zerstörendem Fall! —

Ein Donnerschlag,

Und sausendes Gekrach!

Wie Höllenungeheuer

Stürzt in die Nacht das Feuer

Mit blutigen Zungen,

Und die Bombe, zersprungen,

Schleudert die Erde aus tiefer Gruft,

Eisensplitter durch die Luft. —

Was stöhnst du, Kamerad? was spricht dein Mund?

Als wär's ein Gebet in letzter Stund! —

Ist Keiner der hilft? — Bahrträger, her! —

Sachte, Kameraden, sachte! untern Mantel das Gewehr!

2.

Grabet, Kameraden, grabet in die Erde euch hinein!

Grabt, als sollt's ein Todtenschrein

Für den letzten uns'rer Feinde sein!

Aber sacht, grabet sacht!

Nahe das Verderben wacht!

Wenn wir die schlummernden Feuerschlünde wecken,
Sie mit Blei und Eisen uns bedecken,
Haben wir vielleicht in dieser Nacht
Uns're eig'ne Todtengruft gemacht!
Und soll's sein
Unser Todtenschrein:
Blumen pflanzt das Vaterland
Segnend uns an Grabes Rand!
In der Heimath, tausende von bangen Herzen
Beten für euch in stiller Nacht:
Mütter, die euch beim Scheiden geküßt,
Als ob das Herz ihnen brechen müßt';
Väter, welche die Mannesrechte
Beim Abschiednehmen fest gefaßt —
Besser Tod, als der Knechtschaft Last!
Bräute, die den Helm euch schmückten,
Mit dem Schwert euch gürteten zum Gefechte,
Schluchzend dabei an's Herz euch drückten;
Und Freunde, die mit Sang und Klang
Uns geleitet die staubige Straße entlang; —
Tausende von bangen Herzen
Beten für uns in stiller Nacht.
Ueber jener Wolken Dunkel,
Das uns schützend überdacht,
Zieh'n zu der goldenen Sterne Gefunkel
Tausend Gebete aufwärts sacht.

Ha! wie's glüht am Wall!
Ein Flammenschwall!
Bomben brausen auf
In Sturmeslauf!
Feindesgruß —
Schuß auf Schuß! —
Grabet, Kameraden, grabet in die Erde euch hinein!
Grabt, als sollt's ein Todtenschrein
Für den letzten unf'rer Feinde sein!

3.

Die Schaufeln rasten. Ein Flüstern geht
Leise entlang die Männerreihn;
Wie träumender Nachtwind weht
Durch dunklen Hain.
Die Schaufeln rasten. — Ein Schütteln der Hand! —
„Kinder, wie geht's?
Nur fleißig stets!
Schnell die Stunden der Nacht entfliehn!" —
Langsam, im schlichten Gewand,
Schreitet der Feldherr entlang die Männerreihn.
Und ganz leise begrüßen die Krieger ihn:
„Guten Abend, guten Abend, Vater Benin!"

4.

Zum Tage wird die Mitternacht.
Leuchtkugeln segeln in blendender Pracht
Wie Meteore sacht
Durch die Finsternisse.
Wie tiefe Himmelsrisse
Klafft auseinander
Das pechschwarze Firmament.
Ha! wie's so geisterhaft droben brennt!
Und dort unten, bleiche Gesichter, dichtbeieinander
In endlosen Reihn,
Beim Geisterschein
Sich drängend, tief, tief in die Erde hinein!
Und im Nu
Schließt sich die lichtgespaltene Finsterniß zu.
Da plötzlich schlingt
Sich ein Flammengürtel, breit, weit,
Ein blutdampfend Kleid,
Um die Festung her;
Und blei= und eisenschwer
Kommt's mit gewalt'ger Wucht,
Wild, wie Dämonenflucht,
Ein Blei= und Eisenmeer,
Brausend durch's Dunkel daher;
Und des Feindes Schlachtruf dringt
Näher und näher schon,

Wie's mit grauf'gem Ton
Ueber das Schlachtfeld fegt,
Kugel auf Kugel die Erde schlägt.

　　Scharfschützen vor!
Im Donnerchor
Mit Hurrah drauf!
Die Männerkette, im Sturmeslauf,
Zum Sieg oder Tod vereint,
Stürzt sich in die flammende Nacht.
Prasselnd aus tausend Gewehren kracht
Feuersprühend Verderben
Entgegen dem Feind.
Bomben rasen hinüber,
Herüber,
Grüße tauschend mit Eisenscherben,
Sturmesrauschende Flammen schwingend,
Schlachtlustbrausende Lieder singend.
Knieend, liegend,
Zielend, sich biegend,
Fest an die Schulter die Büchse gerückt, —
Losgedrückt!
Und grimmig das Blei
Mit Wuthgeschrei
Pfeift's aus Flammen hervor;
Jetzt schnell aufspringend,
Die Eisen klingend
Im Feuerrohr, —

Seht! wie sie hoch die Gewehre halten,
Vorwärts stürzend, die dunklen Gestalten,
Bei des nächtlichen Schlachtfelds fahlem Schimmer!
Hörnergeschmetter jauchzt durch die Nacht;
Mattes Gewimmer
Stöhnet sacht,
Schaurig durch die Schlachtennacht.
Verwundete wanken langsam zurück,
Stopfen ächzend des Blutes Wellen,
Die aufwallend aus klaffenden Wunden quellen,
Gerissen vom Blei oder Bombenstück.

Und näher und näher dränget schon
Der Feind mit Triumphgeschrei;
Und es ruft der Hörner schmetternder Ton
Zum Sturm seine Schaaren herbei!

Reitende Artillerie, vor!
Wie wenn zornentbrannt Thor
Von Walhalla's Saal
Den Felshammer schwingt,
Daß der Himmel zerspringt
Mit rothflammendem Spalt,
Und des Donners Gewalt
Sich wälzt über's Gebirg hin und Thal:
So der Rosse Gestampf, von Kampfmuth voll,
Der Kartätschensalven prasselnd Geroll! —
Da schweigt des Feinds frohlockend Geschrei;

Vorm Eisenhagel flüchtet das Blei,
Und das Jauchzen der Sieger trägt die Nacht,
Die flammendüstere Schwester der Schlacht,
Das Weh der Besiegten himmelan —
Und Stille des Tod's lagert auf blutigem Plan.

Grabet, Kameraden, grabet in die Erde euch hinein!
Grabt, als sollt's ein Todtenschrein
Für den letzten uns'rer Feinde sein!

5.

Auf Fühnen's schwellenden Hügeln
Liegt Morgensonnenglanz.
Umschlossen hält
Sie der schimmernde Belt
Mit friedlichem Wellentanz;
Dräuende Wälle in seinem Schooße sich spiegeln.
Silbergrau rollen,
Flammenentquollen,
Wolken empor in heit're Luft;
Donnernden Groll Fridericia ruft.
Und zum Feindeswall schallt —
Wie ein sturmschwer Meer,
Wenn die Winde verhallt,
An die Küste prallt —
Das Hurrah von Schleswig-Holsteins Heer.

IV.

Delius †.

In der Nacht 22.—23. Mai 1849.

Beim „Blockhaus" war's, am kleinen Belt,
      vor Fribericia.
In Feindesnähe lagen wir
      bei Nacht zum Schanzbau da.
Ein Magazin am Festungswall
      spie ungeheuren Brand
Und färbte dunkelroth wie Blut
      das Meer am nahen Strand.

Die Bomben brausten durch die Nacht
      wie ein Dämonenheer
Und die Geschosse heulten wild
      von Striib her über's Meer;
Die Büchsenkugeln sangen schrill —
      ein Liedchen, zart und fein —
Und der Geschütze Donnermund
      sprach grollend ernst darein.

Mit Schaufeln war'n wir emsig d'ran
   die lange, lange Nacht,
Und lauschten still des Feindes Gruß
   auf todumbrauster Wacht.
Das war Musik, die klang so gut,
   wie muth'ger Hörnerton
Für uns're braven Burschen dort
   vom dritten Bataillon!

Vollendet stand der Sandwall da
   beim ersten Morgengrau'n:
Da naht der Held, der's Werk erdacht,
   der Schanze Bau zu schau'n.
Die Bomben flogen dichter jetzt,
   die Kugeln Schuß auf Schuß —
Da traf das mitleidlose Blei
   den Liebling Delius.

Der Schuß, es war ein herber Schuß
   in blut'ger Frührothsstund'!
Der beste Mann im brav'sten Heer
   sank sterbend auf den Grund.
Die Bomben heulten wilder d'rein,
   als wär's ein Schmerzensschrei;
Der herbe Schuß, er riß das Herz
   des Vaterlands entzwei!

In fremde Erde legten still
        den großen Todten wir.
Schlaf' sanft! kein ehern Monument
        steht auf dem Grabe dir:
Jedoch, so lang' das deutsche Wort
        ertönt vom Rhein zum Belt —
Mit Schleswig-Holstein nennt man dich,
        du treuer Schlachtenheld!

V.

Christiansen.

1.

Wohlan, mein Lied, nun rede
        vom Krieger, brav und schlicht,
Dem Helden uns'rer Donner,
        mit hellem Augenlicht!
Dem kühnsten Mann im Heere! —
        der mit dem Eisenrohr
Von hohen Schanzen pochte
        an trotz'ger Festung Thor.

Denkt ihr der finstern Nacht noch,
          als er gebaut die Schanz',
Wo sich die Hügel drängen
          zum Belt im grünen Kranz?
Kaum daß der Morgen graute,
          hei! wie durch's Blockhausdach
Vom Vierundzwanzig=Pfünder
          die Bombenkugel brach!

Ha! wie die Dänen rannten,
          als mit dem Bayonnet
Mit Hurrah unf're Burschen
          erstürmten das Bankett!
Vom Blockhaus rollte prasselnd
          empor die düst're Gluth
Und färbte roth die Fluthen,
          als wär's ein Meer von Blut.

Da ward der Feind lebendig,
          wie wenn ein Wespennest
Man aufgestört, da gab es
          ein köstlich Schlachtenfest.
Die Morgenlüfte trugen
          herüber wüsten Schall;
Die ganze Festung tönte
          von wildem Kriegeshall.

Es schmetterten die Hörner,
     die Trommeln rollten Sturm,
Des Feindes rothe Banner
     hoch flatterten am Thurm;
Die Bastionen dampften,
     und mit gewalt'ger Flucht
Zu Christiansen's Schanze
     herflog des Eisens Wucht.

Die schweren Vollgeschosse
     der großen Batterie
Bei Striib auf Fünen's Strande,
     Voll Schlachtlust heulten sie
Und tanzten auf den Wellen
     und sprangen hoch hinauf
Zu Christiansen's Schanze
     im muth'gen Sturmeslauf.

Kanonenböte kamen,
     im weißen Segelkleid,
Fregatten, fahnenrauschend,
     und legten stolz sich breit;
Aus off'nen Pforten wälzte
     der Rauch sich über's Meer,
An Christiansen's Schanze
     zerbrach das Bombenheer.

Der stand auf hohem Walle,
  ein Held so schlachtenkühn,
Und sah mit hellem Auge
  die Todesboten ziehn,
Und gut und langsam zielend,
  mit wohlbedachtem Schuß,
Erwiedert' er die Salven,
  des Feindes tollen Gruß.

Zwei Tage und zwei Nächte
  hat so getobt der Kampf,
Die ganze Gegend rauchte
  von grauem Pulverdampf;
An hundert Feindes=Stücke
  auffrachten Tag und Nacht:
Den vier von Christiansen
  ward nicht zu heiß die Schlacht.

2.

Soll weiter ich erzählen,
  wie wochen=, mondenlang
Mein Donnerheld getragen,
  des Kampfes schwersten Drang?
Wie er die Mörser pflanzte,
  ganz nah' der Wälle Rand,
Wo bald Saint Paul, der brave,
  den Tod der Ehre fand?

Wo rings mit Bombenhöhlen
  die Felder übersä't,
Das Blei, wie mit der Sense,
  die Halme abgemäht? —
Er war allgegenwärtig,
  mit muth'gem Eisenrohr,
Von hohen Schanzen pochend
  an trotz'ger Festung Thor!

Und als mein Heer, verrathen
  dreifacher Uebermacht,
Am letzten Morgen kämpfte
  die schreckensvolle Schlacht —
Im Traume schlief befangen
  ganz nah der deutsche Aar,
Nicht weckte ihn vom Schlummer
  der Waffenklang so klar. —

Als dann nach langen Stunden,
  nun keine Hülfe kam,
Mein Heer mit trotz'ger Stirne
  vom Feinde Abschied nahm,
Sich oft zum Kampfe wendend,
  das Bayonnet gefällt,
Mit Dänenleichen deckend
  das blutgetränkte Feld; —

Da standest du als Letzter
       auf deiner Schanze da,
Und warfst die letzte Bombe
       nach Fridericia;
Und als die Dänen jubelnd
       erstiegen deinen Wall,
Da sprengtest du zum Himmel
       der trunk'nen Feinde Schwall. — —

Die Jahre rollten weiter,
       und fast vergaß die Welt
Vor neuen ries'gen Thaten
       den Streit an Nordmeers Belt;
Und wie von alten Sagen
       aus längst vergang'ner Zeit
Spricht man in fremden Ländern
       von jenen Kämpfen heut'.

Doch nennet man die Namen
       der Besten, welche dort
Den heil'gen Kampf gestritten
       um's freie deutsche Wort, —
Dein Name, Christiansen,
       er hat so guten Klang,
Wie je ein Held ihn führte
       in ritterlichem Sang!

Idstedt. *)

24. und 25. Juli 1850.

Gewonnen war der große Sieg
Und unser Freiheit, Freud' und Ruhm;
Schon glaubten wir nach bangem Krieg
Vom Feinde frei das Heiligthum;
Schon rief Triumph durch's Vaterland:
Erhebt, erhebt zum Dank die Hand!

Doch anders war's in Gottes Rath
Beschlossen, als der Mensch gedacht.
Die Furcht, die Lähmerin der That,
Verlor nach raschem Sieg die Schlacht,
Und zögernd wandte seinen Schritt
Der Krieger, der so herrlich stritt.

Weh! wenn dem Feldherrn selbst der Muth
In der Entscheidung Stunde fehlt.
Da hat umsonst das Heer sein Blut
Vergossen; und Erinn'rung quält
Wie eine heiße Wunde dann
Das Herz unheilbar solchem Mann.

---

*) Christian.

Missunde.

12. September 1850.

Von Idstedt zogen wir trauernd heim
        zur Eider, mit zögernden Schritten;
Die Freiheitsschlacht, so lang ersehnt,
        war endlich ruhmvoll gestritten.
Doch ach! umsonst das Blut verspritzt!
        der Unentschlossenheit Zagen
Verlor den schon errungenen Sieg,
        nach blutigen Kampfestagen.

Dann ging's an's Schanzen mondenlang —
        als wollte den Muth man brechen;
Wie wären so gern wir in's Feld marschirt,
        den Hohn von Idstedt zu rächen; —
Da plötzlich von Munde zu Munde fliegt
        des Commando's freudige Kunde:
„Zum Angriff!" heißt das Feldgeschrei,
        die Losung, „Auf nach Missunde!" —

Schnell werden die alten Kugeln nun
            aus den Läufen herausgezogen.
Viel lieber wär'n sie mit pfeifender Lust
            dem Feinde entgegengeflogen.
Auf neuen Patronen klingt der Stahl
            und springet vom Blei so helle,
Das sich fest an's körnige Pulver schmiegt
            in des Rohres dunkeler Zelle.

Hier laden die pfeifenden Kanonier'
            Kartätschen und Bomben in Massen
Und schwere Kugeln und Pulversäck'
            in die Wagen, was sie nur fassen.
Geschütze und Mörser stehn in Reihn,
            mit gelben und schwarzen Schlünden;
Bald wird ihre Donnerstimme dem Feind
            den Schlachtenfesttag verkünden!

Die Reiter striegeln die Rosse blank
            und streicheln der Rappen Mähnen,
Die stampfen und wiehern und heben das Haupt
            voll Feuer und Kampfessehnen.
Im Sonnenlichte funkelt der Stahl,
            als freut' er sich zum Gefechte,
Wie die Schärfe prüfet und hoch ihn schwingt
            des Reiters nervige Rechte.

Und als der neue Morgen erwacht,
  da ziehn, gerüstet zum Kampfe,
Die tiefen Kolonnen endlos fort
  gen Nord mit Heeresgestampfe.
Und mit leuchtenden Augen, voll Kampfeslust,
  gehn die Worte von Munde zu Munde:
„Zum Angriff!" heißt das Feldgeschrei,
  die Losung, „Auf! nach Missunde!"

2.

Im Dänenlager bei Kochendorf,
  da giebt's ein lustiges Leben,
Es schwelgen die Krieger bei Meth und Bier
  und gold'nem Safte der Reben.
Der Speisen Bestes decket den Tisch,
  die Helden von Idstedt zu stärken;
Bei knallenden Pfropfen steigt ihr Muth
  zu neuen Titanenwerken.

Die „tapperen Landsoldaten" hier
  hatten stolze Gebäude errichtet,
Die Scheunen und Höfe und Hölzungen rings
  von Brettern und Bäumen gelichtet,
Gar schmucke Wohnungen draus erbaut,
  sie geschmackvoll ausmöbliret,
Mit Spiegeln und Bildern vom Prunkgemach
  des Bauern die Wände gezieret.

Mit Schildern ist das Lager geschmückt.
　　　Hotel zum König von Schweden,
Und Polkasalon und Tivoli
　　　steht sauber gemalt an den Läden.
Der Marketenderin neues Haus
　　　ist reich an zierlichen Tonnen;
In knapper Taille bedient sie dort
　　　die „Tappern" am Nektarbronnen.

In den Lagergassen stehen da
　　　die Gewehre in Pyramiden,
Nur hier und dort ein Schilderhaus,
　　　als herrschte der tiefste Frieden;
Die Rosse in Ställen, abgezäumt,
　　　an die vollen Krippen gebunden —
Gar prächtig scheint den Rappen die Kost
　　　im Rebellenlande zu munden!

Und die „Tappern" all' in den Hütten drin,
　　　beim Karten= und Würfelspiele,
Hier schlafend und träumend von Sieg und Lust
　　　auf weichem, elastischem Pfühle,
Dort schmausend und zechend in sich'rer Ruh';
　　　aus den Pfeifen die Wolken ringeln,
Und zwischen Gesang und Jubel hell
　　　die melodischen Gläser klingeln;

Und die Officiere im Hauptquartier,
     verspottend die feigen Rebellen,
Die Pfropfen knallen, es schäumt der Wein
     und sprudelt wie Silberwellen;
Und die Dannebrogs rauschend auf hohem Dach, —
     das ist ein lustiges Leben,
Im Dänenlager bei Kochendorf,
     beim gold'nen Safte der Reben!

3.

Die Sonne hebt sich zum Zenith.
     Es glüht an den Buchenzweigen
Des herbstlichen Waldes goldene Pracht,
     und die Sänger des Waldes schweigen.
Voll Neugier aus hohen Wipfeln lugt
     manch' Vögelein, keck und munter,
Auf der Bayonnette blitzende Reihn
     mit klugem Auge herunter.

An den Knicken schleichen die Jäger sich hin,
     gebückt mit kurzem Gewehre,
Der Käppis Schweife winken voran
     zum Schlachtentanze dem Heere.
Wo Kugeln pfeifen und Bomben schrein,
     sind die grünen Burschen zu finden,
Des Heeres Stolz, ein Schrecken dem Feind
     auf der Wahlstatt blutigen Gründen.

In dichten Kolonnen, eisenblank,
　　　　steht's Fußvolk hinter den Hügeln;
Die blauen Reiter richten sich stolz
　　　　empor in den Sattelbügeln;
Die Geschütze sind sicher aufgepflanzt
　　　　im verborgenen Thalgrund drunten,
Die Kanoniere, zu Fuß und Roß,
　　　　daneben, mit brennenden Lunten.

Von dem nahen Feindeslager schallt
　　　　herüber Trompetengeschmetter
Und Jubel und Sang.　Bald singen auch wir
　　　　euch ein Lied, wie ein Donnerwetter!
Da tönt das Kommando! — Die Infanterie
　　　　vom vordersten Bataillone
Entrollt sich schnell, ein eisern Band
　　　　an des Hügels grünender Krone.

Ein donnerndes Hurrah, und vorwärts rollt
　　　　die eisern=lebendige Kette,
Die jubelnden Jäger, die Infanterie
　　　　im Sturmeslauf um die Wette,
Die Führer zu Roß, im vordersten Glied,
　　　　mit hochgeschwungenem Degen, —
Es wimmelt und woget in Wald und Feld,
　　　　auf allen Wegen und Stegen.

Die dichten Kolonnen folgen schnell
     den jauchzenden Tirailleuren,
Kaum halten sie sich in Reih' und Glied,
     wie den Jubel der Schlacht sie hören;
Aus tausend Gewehren springt das Blei
     mit prasselndem Flammenmunde
In's Lager hinüber, und bringt dem Feind
     des Schlachttags schreckliche Kunde.

Fürwahr, ein lustiges Zechgelag'! —
     Die Gläser klirren in Scherben,
Wie der bleierne Sturm durch die Wände bricht
     und mahnt an bitteres Sterben.
Auf den Tischen tanzen die Kugeln jetzt,
     die Teller' und Flaschen zerschlagen,
Und das Hurrah treibt die Zecher fort,
     auf der Flucht ihr Heil zu wagen.

Schon stürmt in's Lager die wilde Jagd
     von den nahen Hügeln herunter.
Es rollt die Straßen der Kampftumult
     dämonisch hinauf und hinunter;
Die Jäger, geschwungene Kolben hoch,
     wie grausige Schlachtgespenster!
Die Infanterie, mit dem Bayonnet
     in die Häuser durch Thüren und Fenster!

Das Prasseln der Flinten, das pfeifende Blei
     und der Kolbenschläge Getröhne,
Und Siegesjubel und Jammerruf
     und der Hörner jauchzende Töne
Und Trommelwirbel, Kommandowort,
     Pardon und Flüche und Bitten —
Fürwahr! ein teuflisches Schlachtenfest
     in erstürmten Lagers Mitten!

Dort liegt ein Feind mit trotziger Stirn,
     die Waffe fest in den Händen;
Der bleierne Todesbote kam,
     seinen Trotz in den Staub zu senden.
Ein Jüngling preßt die wallende Fluth
     zurück zur purpurnen Quelle; —
Wie bitter der Tod! — so jung! — so süß
     das Leben in Sonnenhelle!

Und weiter stürzt die wilde Jagd
     durch Koppelfelder und Hecken;
Da donnern Kanonen vom Brückenkopf,
     die flüchtigen Schaaren zu decken.
Doch plötzlich vom nahen Hügel kracht's,
     und mit donnernden Flammenzungen
Kommt der deutschen Geschosse Eisensturm
     den Unsern zu Hülfe gesprungen.

Und lauter und immer lauter kracht's,
    für den Sieg mit dem Tode zu werben.
Herab von den dampfenden Hügeln sprühn
    die Geschütze Tod und Verderben.
Auf der Brück' und dem blanken Spiegel der Schlei
    die eisernen Kugeln tanzen,
Als Antwort brüllt das schwere Geschütz,
    wie Krater flammen die Schanzen.

Das ist eine lustige Kanonad',
    am Ufer der Schlei bei Missunde!
Vom hohen Mittag dauert die Schlacht
    bis zur dunkelnden Abendstunde.
Weit glänzt durch's Land der blutige Strahl.
    Ist's rosiger Morgenschimmer
Von schönerer Zukunft, oder, ach!
    der Freiheit ersterbender Glimmer?

————

4.

Die letzten Schüsse verhallen dumpf,
    und die ehernen Munde schweigen,
Und die grauen Wolken vom Schlachtgefild
    in den dämmernden Aether steigen.
Wie friedlich blinken am Firmament
    die stillen goldenen Sterne!
Sie störte nicht der Menschen Streit
    in unendlichen Weltalls Ferne.

Da rauscht's, erst leise, dann lauter empor,
    wie jauchzende Festgesänge;
Es singt das Schleswig=Holstein=Lied
    die freudige Kriegermenge.
Und langsam rollen vorbei — vorbei —
    die ernsten Todtenwagen.
War's nicht, als ob in Glorie hell
    die bleichen Gesichter lagen?

Doch plötzlich lodert es durch die Nacht
    mit purpurfarbenen Garben;
Des brennenden Lagers wilde Gluth
    malt die Himmel mit blutigen Farben.
Und wie höher und höher die Flamme rollt,
    da donnert's aus Heeres=Munde:
„Ein drei Mal Hoch für das Vaterland,
    für den kühnen Schlag bei Missunde!"

Friedrichsstadt.

Nacht 4.—5. October 1850.

Nach schweren Jahren, Schlacht auf Schlacht,
        bald Sieg, bald bangem Leid,
Verlassen von dem Vaterland
        in thränenschwang'rer Zeit,
„Zurückgedrängt, doch nicht besiegt,
        zur Eider, Schritt um Schrit —
Das war der deutschen Nordmark Heer,
        das für die Freiheit stritt.

Zum letzten Male zogen wir
        zum Sturm auf Friedrichsstadt.
Die Nacht war schwarz und sternenleer,
        die Heimath thränensatt.
Noch einmal, Schleswig=Holsteins Heer,
        noch einmal hoch das Schwert!
Des freien Mannes freies Wort
        ist Ströme Blutes werth!

Der Bataillone Ehrenschaar,
      zum Sturme auserwählt,
Zog lautlos, in gedrängten Reihn,
      durch's off'ne Wiesenfeld.
Am Eiderdeiche wälzte sich
      entlang die Heeresmacht,
Wie ries'ge Anaconden, stumm
      durch die Octobernacht.

Da plötzlich flammt es, donnert, kracht,
      als berstet' ein Vulcan,
Musketen knattern, Hurrahruf
      steigt jauchzend himmelan;
Granaten heulen, Kugeln schrein,
      Kartätschen prasseln wild,
Und wie ein breiter Feuergurt
      sprüht's rings am Schlachtgefild.

Hin auf die starken Schanzen stürzt
      das Heer sich, todgeweiht;
Umsonst! — ob's rasch auf blut'gem Grund
      auch Sturm auf Sturm erneut.
Auf schmalem Damme, ohne Schutz,
      verzweifelt rast der Kampf;
Umsonst! — des Vaterlandes Stern
      erbleicht im Pulverdampf.

Die Bomben schlagen in die Stadt.
  Der Lohe düst'res Roth
Malt rings die Himmel, überall
  entfesselt rast der Tod.
Der Freiheit Scheiterhaufen flammt
  im blut'gen Sternendom,
Und röthet — Deutschland, wache auf! —
  den deutschen Eiderstrom.

Da plötzlich schweigt der wilde Kampf,
  der Sturm und grauf'ge Mord,
Und Todesstille lagert nun
  am blut'gen Deiche dort. —
Das war von Schleswig=Holsteins Heer
  die letzte Freiheitsschlacht;
Des Sieges Hoffnung sank dahin
  in jener Schreckensnacht.

1852—1863.

Strahlte denn in zorn'gem Brande
Ganz umsonst das deutsche Schwert?
Weh! in diesem theuren Lande,
Das Germaniens Liebe ehrt,
Ist's wie lange Herbstesnacht
Nach verlor'ner blut'ger Schlacht.

Böse Geister, Haß und Zagen
Lagern hier in Feld und Stadt:
Vaterland muß leise klagen;
Hoffnung senkt die Flügel matt.
Und im alten Sachsenhaus
Geht der Feind jetzt ein und aus.

Deutsche Rede und Gesänge
Sind verbannt vom heil'gen Ort;
Und des Miethlings fremde Klänge
Tönen unverstanden dort.
Harret, Brüder, unverzagt,
Bis ein schön'rer Morgen tagt!

Christian.

Der deutsche Adler.

1.

Deutscher Aar! du träumst gefangen,
Träumst und träumst, wie ein Genie.
Ketten halten dich und Stangen
In der Welt Menagerie.
Manchmal flatterst du empor;
Stößt den Kopf dir, armer Thor.

Bist du alt und schwach geworden?
Denkst du trauernd, Kaiseraar,
Wie du einst durch Süd und Norden
Frei geschwebt in Glorie klar?
Fühlst du in der schnöden Haft
Grollend neue Jugendkraft?

Nun, so sprenge deinen Kerker,
Fleug hinaus in's weite Land!
Schwinge deinen Fittig stärker,
Als zuvor, von Strand zu Strand.
Wiege dich im stolzen Kreis;
Sei des Volks, der Fürsten Preis.

2.

Tausend reiche Schiffe fahren
Von Germaniens Ufern aus;
Tausend kehren, reich an Waaren,
Jährlich wieder heim nach Haus:
Doch von ihren Masten rollt
Nicht der deutschen Fahnen Gold.

Wann zu deinen Wogenplanen
Hebst du starker Flügel Paar,
Wann auf großen Oceanen
Kreist du herrlich, deutscher Aar,
Wenn der Schlachtruf dort erklingt,
Ueber's Meer die Kugel springt!

Auf! begrüß des Ruhmes Sonne
In der Freiheit Morgenroth.
Einst der kühnsten Helden Wonne,
Jetzt der kleinsten Feinde Spott,
Fleug aus deinem Eulenthurm,
Fleug auf's Meer im Wettersturm.

Christian.

Schleswig-Holsteins Befreiung.

Von

Christian Kirchhoff.

Der Tod des Königs Frederik VII.

14. November 1863.

„Der König todt!" Die Botschaft fliegt
Wie greller Blitzstrahl über's Land.
Der Herr entzweiter Völker liegt
Getroffen von des Höchsten Hand,
Ein Rest, ein Leichnam. Und sogleich
Stürzt über ihn zerstört sein Reich.

Das Recht und Unrecht rüsten sich
Zu neuem Kampf. Thu' deine Pflicht;
Du kennest sie. Behaupte dich.
Denk' nicht an Viel; und zweifle nicht:
Und weich' dem Bösen keinen Schritt.
Vertraue! Gott geht selber mit.

Der deutsche Bund.

17. November 1863.

„Immer langsam!" ist das Motto
Von dem lieben deutschen Bund.
Kein gewalt'ger Kaiser Otto
Schleudert in den nord'schen Sund
Heute seinen Siegerspeer;
Und Geduld ist uns're Wehr.

Der Eid.

Im November 1863.

1.

Das war ein Kampf! Gewissen oder Macht?
Kein wilder Streit lautdonnernder Kanonen;
Nein, ächter Treue heißgestritt'ne Schlacht
Um's Wort der Wahrheit vor der Fürsten Thronen.
Am Vaterland hielt treu der Holste fest;
Des Rechtes Kraft ist's, drauf er sich verläßt.

Erzwung'ner Eid! Hat der noch irgend Werth?
Und sollt' ich auch die laut're Wahrheit schwören,
Doch thät' ich's nimmermehr; ich schien' entehrt
Des Feindes schnöde Drohung feig zu hören.
Nun aber soll mein Schwur das Unrecht weihn;
Gott soll ich nahn mit Trug und Heuchelschein.

Soll fälschen meines Auges klaren Sinn;
Anmaßend, unter des Gehorsams Scheine
Mein heil'ges Vaterland mir zum Gewinn
Verrathen helfen; meines Rufes Reine
Mit eines unvertilgbar'n Makels Schmutz
Beflecken, mit gemeinem Eigennutz.

Nicht rechts, noch links! Gradaus nur führt der Pfad.
Nur Eines gilt hier, Deutscher, dein Gewissen.
Der Deinen Glück nicht, nicht der Freunde Rath
Entscheidet Dies; und unter deinen Füßen
Wankt dir der Boden, wenn du selber nicht
Erkennest und beschließest deine Pflicht.

Frag' nicht, was Der und Der thut; sei ein Mann.
Vergieb von Herzen allen deinen Feinden;
Und aller dunklen Zukunft gehe dann,
Allein, mit wen'gen oder vielen Freunden,
Die treu du fandst, entgegen frei und klar,
Und aller Selbstsucht vor dem Rechte bar.

Und nicht besteche dich die Sucht nach Ruhm,
Daß man auch deine stolze Heldensäule
Aufstell' in der Geschichte Heiligthum,
Indessen And're mit der Schmähsucht Keule
Man herzlos niederschlägt, selbst vor dem Tod
Der Ehre sicher, und vor Sorg' und Noth.

„Doch gilt's der Deinen Glück!" Drum frisch und klar
Schau' in das Aug' dem Bösen. Klagen, Weinen
Ruft erst das Leid. Zweischneidig ist fürwahr
Das Schwert der Furcht; und oft mag größer scheinen
Das nahe Leid, das ferne größer sein.
Falsch sieht die Furcht, und schafft Gefahr aus Schein,

2.

Jetzt ist der Prüfung Zeit, und Mancher zeigt
Sich anders, als er schien: die Herzen werden
Nun offenbar. Manch' lauter Schwätzer schweigt;
Manch' frommer Mann, der ganz von dieser Erden
Zum Himmel schien gewandt, nun nimmt er doch
Recht irdisch klein auf sich der Lüge Joch.

Und Mancher, der für ganz zweideutig galt,
Bewährt sich jetzt: in seines Herzens Tiefen
War's unverdorben, wie man auch ihn schalt.
Des Guten Kräfte all, die in ihm schliefen,
Gewaltig aufgeregt, erstritten jetzt
Im schwersten Kampf den schönsten Sieg zuletzt.

Da galten Stand und Rang und Titel nicht;
Da galt der Mensch nur und der Werth des Mannes.
Es herrschte und gebot, wer auf die Pflicht
Das Auge hielt; sein freies Wort gewann' es
Im heißen Kampf mit offenem Visier:
Und feige Heuchelei verstummte hier.

Du aber, der mit edlem Mannesmuth
Triumph erstritten, und im ruh'gen Herzen
Vom Gift verhehlter Reue rein das Gut,
Das höchste, ein Gewissen ohne Schmerzen
Und rechten Selbstlobs Freude dir errangst,
Durch dichte Wolk' in lichten Aether drangst:

Sei milde nun, und schone Den, der schwach
So theures Glück verscherzt; im Augenblicke
Vielleicht aus Zufall menschlich unterlag:
Denn rechte That verdankt man oft dem Glücke.
Bedenk', ob du auch nie in dir geschwankt;
Vergiß nicht, was du Jenem sonst gedankt.

Der Einzug der Bundestruppen in Altona.
24. December 1863.

Willkommen, willkommen mit Herz und Hand!
Da seid ihr, gesandt vom Vaterland;
Willkommen, ihr rettenden Brüder!
Ihr ziehet mit ernstem Trommelschlag
Bei uns ein an der Weihnacht heiligem Tag,
Und es schallen die jubelnden Lieder.

Wie wehn aus den Fenstern die Tücher heraus!
Nun schmückt sich mit Fahnen Haus auf Haus,
Begleitend die Schritte der Retter.
Die Farben von Deutschland wehen vereint
Mit der Freiheit Banner, und strahlend scheint
Die Sonne im himmlischen Wetter.

Du Schleswig=Holsteins Fahne, dich grüßt
Das jauchzende Lied, das rings nun fließt
Und strömt aus den wogenden Herzen.
Zwölf Jahre verstummt' es. O! welche Lust,
Es wieder zu singen aus voller Brust
Geweiht durch Leiden und Schmerzen.

Wie glänzt in den Augen der Freude Quell!
Und der Abend schaut wie der Tag so hell
Aus den Häusern mit tausend Flammen.
Dies Christfest hat den Kummer geheilt.
Heil Deutschland, herrlich und ungetheilt!
Wir bleiben auf ewig beisammen.

Wohlan! So reicht uns zum Bunde die Hand,
Zum heiligen Kampfe für's Vaterland;
Mit Gott für's Recht und die Wahrheit!
Bis frei ist der deutsche Boden vom Feind,
Sei Kampf; bis Deutschlands Sonne scheint
Ob uns allen in siegender Klarheit.

Ja, Deutschland, heiliges Land voll Macht,
Hier schlagen wir deiner Ehren Schlacht;
Dein Loos wird hier nun entschieden.
Das ganze Deutschland, das soll es sein.
Wohlauf! ihr Brüder von Donau und Rhein,
Am Belt erst redet vom Frieden.

Intermezzo im Hause.

Der Vater.

O Weihnacht! bringend die seligsten Kunden!
Mein Haus gesegnet ohne Gleichen!
Meine deutsche Maid, Kind heiliger Stunden,
Hoch heb' ich dich dankend; sei du mir ein Zeichen:
„Die Heimath ist frei, und das Glück beginnt."
Ein seliger Tag gebar dich, mein Kind.

Dir ist, o Mutter, zugetheilet,
Das allerlieblichste Geschick:
Und wenn entzückt dein Auge weilet
Auf deinem Liebling, sieht es offen
Für ihn die Welt voll Lust und Glück.

Du pflückst dem Kind vom reichen Hoffen
Alltäglich einen schön'ren Strauß:
Und Alles muß nach ihm sich richten;
Es ist die Herrin uns'rer Pflichten,
Der kleine Mittelpunct im Haus.

5

✝

Die Mutter.

An der Wiege.

Mein süßes Kindchen tort!
Dahin dein kleines Leben!
Mariechen, frisch und roth,
Und lieb und froh noch eben!

Ach, Alles ist dahin!
Mein Schooß ist leer. Still liegen
Die müden Hände drin,
Die nicht mein Kind mehr wiegen.

Es ward zur Todtenbahr',
O, Kindchen, deine Wiege;
Sie ist nun mein Altar,
An dem ich betend liege.

Du bist, mein süßes Kind,
Ein Engelchen im Lichte.
Was Engelein wohl sind
Vor Gottes Angesichte?

Wirst du noch wachsen dort?
Wirst du auch sprechen lernen?
Was wohl am heil'gen Ort
Man spricht in Himmelsfernen?

Wird meinen Namen dich
Ein Engel sprechen lehren?
Nie hab' ich Mutter mich
Hier von dir nennen hören.

Ach wehe! wie du schweigst!
Du hörst nicht, was ich sage.
Todt bist du, todt, und neigst
Dein Köpfchen ohne Klage.

Am Sarge.

Du schläfst in heil'ger Ruh,
In stiller Todesfeier;
Mit Rosen deckt dich zu
Mein klarer Hochzeitsschleier.

Du zarte Himmelsbraut,
Du kleine Frühlingsseele!
So sei dem Herrn vertraut,
Dem ich dich still vermähle.

Am Grabe.

1.

Mein Kind, da ruhest du
Im Mutterschooß der Erde.
Du gingst gar früh zur Ruh.
Wann ich wohl folgen werde?

Dein kleines Grab ist naß,
Ganz naß vom vielen Regen.
Wie sich so schwer in's Gras
Bethränt die Blumen legen!

Dein holdes Wesen muß —
O weh! Ich kann's nicht denken.
Nie wird mir einen Kuß
Dein Mündchen wieder schenken.

Nicht weckt dich Licht und Wind,
Nicht meine laute Klage.
Ich habe nun kein Kind
Des Nachts mehr, keins am Tage.

————————

2.

Wie blühn so feierlich
Die Rosen und die Veilchen,
Und freu'n und schmücken sich
Auf deinem Grab ein Weilchen!

Nie küßte frei der Strahl
Des Frühlings deine Wangen.
Du bist das erste Mal
Todt in den Lenz gegangen.

Dies Fleckchen Erde ist
Nun unser heil'ger Garten.
Du aber, Kindchen, blühst
Wo dein die Engel warten.

Zu Hause.

1.

Hier stand deine Wiege, mein süßes Kind;
Da schliefst du so sanft und friedlich.
Dort wusch ich dich täglich auf meinem Schooß;
Du lachtest und strecktest dich niedlich.

Nun bist du so lang schon todt, und liegst
In der dunkeln Erde begraben,
Wohin die schwarzen Leute so ernst
Und still dich getragen haben.

Eine furchtbare Leere ist's nun im Haus;
Das Leben ist kaum noch das Leben.
O! es ist hart, dem Tode hinaus
Ein Kindchen abzugeben.

Mein einziges Töchterchen, Aennchen, du schmiegst
Dich weinend an meine Seite.
Du hast kein Schwesterchen mehr, und lernst
Nun auch, was Sterben bedeute.

Sei du mir nun immer ein frommes Kind;
Und ihr, habt Liebe, ihr Brüder:
So trägt man uns alle in Gottes Schooß;
Da finden wir selig uns wieder.

————

2.

Der liebe Gott, Mariechen, hat dich
Selbst lieber haben wollen.
Meine kurze Freude, dich habe ich
Nicht lange haben sollen.

Du ruhst in Gottes Schooß nun gut
Und besser, als in dem meinen.
Da schläfst du selig in heiliger Hut,
Brauchst nimmer Thränen zu weinen.

Und meine Thränen stören dich nicht,
Wie damals, als sie voll Bangen
Mir entströmten auf dein krankes Gesicht
Und dir flossen über die Wangen.

Ich ging durch's Zimmer mit leisem Fuß,
Daß du's nicht solltest hören;
Und schliefst du, gab ich dir keinen Kuß,
Nicht deinen Schlummer zu stören.

Ach! angstvoll hielt ich über dir Wacht
Und stand und rang die Hände,
Und betete eifrig in stummer Nacht:
„O Gott, gieb gnädiges Ende!"

Er wollte es nicht. Ein Stück von mir
Liegt jetzt in dem tiefen Grabe;
Und leer ist nun die Wiege von dir,
Wo ich dich gebettet habe.

Fortlegen kann ich nun Alles umher;
Ein End' hat die süße Beschwerde.
Du, gutes Kindchen, gebrauchst Nichts mehr;
Dich bettet der Sarg und die Erde.

Ach! Jedes erinnert mich wieder an dich;
Daß du lebtest, möchte ich meinen.
Dann faßt mich der Schmerz tief innerlich,
Und ich stehe zu seufzen, zu weinen.

Dies lichte Löckchen konnte ich kaum
Mir schneiden vom kleinen Haupte.
Der Rest ist's von dir, von dem süßen Traum,
Den der bittere Tod mir raubte.

Das trag' ich gefaßt in lauteres Gold,
An meinem Herzen nun immer.
Das erinnert mich an dein Köpfchen so hold
Mit der Aeuglein freundlichem Schimmer.

Da denk' ich mir dich als ein Engelein
Im Himmel in seligem Lichte,
Mit goldenen Löckchen und Heiligenschein
Und lächelndem Kindergesichte.

Der Vater.

Zu lauter Freude auserkoren,
Maria, mein Kindchen, schienst du mir.
Nur Glück erwartet' ich, wenig weise,
Von der hohen Freude geblendet schier.
Doch aus reinster Freude kann Schmerz bald kommen;
Du holdes Christkind bist mir genommen.

Und hab' ich denn dich auf immer verloren?
Und schließ' ich nimmermehr dich an's Herz?
Dein kleines Leben verhallt stets leiser,
Und verbleicht wie ein Lichtglanz abendwärts.
Und ich folge dir nach, und werde verhallen,
Wie du, ein verlöschend Erdenwallen.

Der Weisheit Spruch tönt mir in den Ohren:
„Ein Gast nur bist du im irdischen Haus.
Nicht im Vaterland sucht das Höchste der Weise;
Nach der himmlischen Heimath schaut er aus.
Dort ahnt er den Schöpfer voll tiefster Verehrung,
Und hofft für Freunde und Feinde Verklärung.“

———

Schlachtengruß an Schleswig-Holstein.

The Dalles in Oregon; Januar 1864.

Schleudert fort die rost'gen Scheiden!
Schwingt die Fahnen, blau=weiß=roth!
Seht! nach jahrelangen Leiden
Glänzt der Freiheit Morgenroth.
Reicht dem Feind die trotz'ge Rechte!
  eisern sei der Handschlag jetzt,
Wie der Haß, der unerbittlich
  unser Heiligstes verletzt.

Fort die Trauer von den Fahnen!
Schütze sie, du deutsches Schwert!
Enkel ruhmgekrönter Ahnen,
Zeigt euch eures Namens werth!
Niemand soll der Freude leben;
  Sang und Liebe seien stumm,
Bis die Freiheit sich errungen
  blutig ihr Palladium.

Auf der Furien wilden Rennern
Sei ihr Banner ausgehängt.
Denkt des Hohns der deutschen Männern
Fremde Sprache aufgedrängt!
Sühnt die Brüder, die gefallen
  an des Vaterlands Altar!
Schwör's bei ihren heil'gen Manen,
  todesmuth'ge Holstenschaar!

Theodor.

An Schleswig.

31. Januar 1864.

Wohlauf! Wohlauf! Die deutschen Rächer nah'n.
Vorüber sind die Tage der Geduld,
Die langen Tage, da wir grollend sah'n,
Wie Lüg' und Herrschsucht häuften Schuld auf Schuld.
Du theures Bruderland, voll Leid und Wunden,
Hörst du sie schlagen, deiner Freiheit Stunden?

„Ja, geht nur hin zum deutschen Vaterland
Und bettelt, bettelt dort um euer Recht.
Das liebt euch laut und drückt euch warm die Hand,
Das große Vaterland, und hilft euch schlecht."
So triefte Spott auf uns, wie aus der Wolke,
Von jenem edelmuthverlass'nen Volke.

Hochauf das Haupt, du theures Bruderland!
Und wenn des Krieges froher Donner ruft,
So grüß' ihn jauchzend, schwing' den Feuerbrand
Der grimmen Wahrheit in die finstre Luft:
„Willkommen hier im Land der deutschen Schande!
Willkommen hier im deutschen Ehrenlande!"

Oberselk.

3. Februar 1864.

„Hurrah! der Feind! Hoch Steiermark!"
Mit wall'ndem Busch springt schlank und stark —
Sein Jubel dringt durch Mark und Bein —
Durch Knick und Zaun der Jäger drein,
    Die Dänengems zu jagen.

Wie dicht am Berg der Feinde Reihn!
Schlägt jede Kugel fröhlich ein.
Mehr Gemsen giebt's als Jäger hier.
Rings knallt und stürzt es im Revier.
    Hei! lust'ges Gemsenjagen!

Martini hoch! Im Eisenwald
Der Bayonnette stürmt es kalt.
Die Officiere all' voran;
Die Schärpe zeigt das Herz vom Mann.
    Hurrah! du kühnes Wagen!

Kein Trommelschlag, kein Schuß erschallt.
Hurrah! und vorwärts ohne Halt.
Als ging's zum Tanz, so stürmt's im Tact,
Daß jäher Schreck den Dänen packt.
 Hurrah! du kühnes Wagen!

Den Fahnenträger fällt ein Schuß.
Der Oberst schwenkt sie hoch zum Gruß.
'ne Kugel bricht die Stang' im Lauf,
Und mit dem Stumpfe stürmt er drauf.
 Die Feinde schaun's und zagen.

Sein Mantel ist durchlöchert schier.
Das ist des Mantels schönste Zier.
Sein Czako auch! Sein Roß alsdann!
Zu Fuß stürmt Abele voran.
 Die Feinde fliehn, die zagen.

Jetzt zündet Siegesfeuer an,
Und wärmt die starren Glieder dran.
Des Nordens Schneesturm tobt herein.
Schlagt frisch ihn ab mit feur'gem Wein.
 Der kann auch Feinde schlagen.

Oeversee.

5. Februar 1864.

Graf Nostitz! Stahl von gutem Klang,
Erprobt auf Ligny's Feld!
„Graf Nostitz!" klang's in Frost und Schnee
Stahlhart auch heut bei Oeversee;
Da siegt' ein braver Held.

Wie war der Heerweg spiegelblank
Von glattem, frischem Eis!
Die Rosse Ungarns griffen aus;
Da gab es harten Reiterstrauß,
Zerbrach manch' Jütlands=Reis.

Ihr Steyrer Jäger, säumt nicht lang.
Mit Bayonnetten drein!
Fünf Schritte noch: da grüßt der Tod.
Den Kolben hoch! Und purpurroth
Färbt Seelands Blut den Rain.

Wie mit dem Tod der Tod da rang!
Wie lagen lang die Reihn
Dort auf der Wiese vor dem Zaun!
Wie lag's da hinter ihm voll Grau'n
In langen Leichenreihn!

Gefangen tief im Schnee, versank
Der Stürmer starker Fuß.
Da schoß der Däne wohlversteckt;
Da stand gar nahe ungedeckt
Der Deutsche Ziel dem Schuß.

Wie theures Blut der Schnee da trank!
Traf jeden Officier
'ne Kugel. Eder, kühner Held,
Dich haben acht noch nicht gefällt;
Sie scherzten nur mit dir.

Nun graus're Nacht den Tag bezwang.
Da suchte man im Schnee
Beim trüben Licht der Fackeln bleich
In dieser Todtenernte reich
Die Lebenden voll Weh.

Graf Nostitz! Wer hat solchen Rang?
Führt solche Männer· an?
„Graf Nostitz!" klang's in Frost und Schnee
Stahlhart auch heut' bei Oversee
Wie einst auf Ligny's Plan.

Die weiße Feldbinde.

10. Februar 1864.

Du weiße Binde, der Freiheit Zeichen
An Deutschlands Arm! Als herrlichsten Sieg
Es vereint erstritt, mit blitzenden Streichen
Zu Boden schmetternd den welschen Krieg,
Bis besiegt des Westens Wetter entflogen
Und des ewigen Rechts Triumphesbogen
Blau über uns glänzte: da wardst du geweiht
Mit dem edelsten Blut zu heiligem Streit.

Jetzt schmückst du wieder nach funfzig Jahren
Des Vaterlands Arm, und mit ihm vereint
Des weiten Oesterreichs Völkerschaaren;
Sie kamen zu schlagen Deutschlands Feind.
Der Freiheit allbezwingende Stärke
Hat zum Nord sie geführt zum heiligen Werke;
Ob wider Willen, ob liebend entflammt,
Sie mußten, Völker und Führer gesammt.

An die für uns Gefallenen.

17. Februar 1864.

O! könntet ihr aus euren Gräbern wieder,
Ihr todten Helden, steigen an das Licht,
Und schaun, was ihr erstritten für die Brüder,
Und hören, wie's aus allen Herzen bricht,
Wie in der Freiheit wunderfrische Luft
Die helle Seele ihre Wonne ruft.

Die Freude wird mir schwer. Die Erde lastet
Auf eurer Brust, die ihr dem frühen Tod
Für uns entgegentrugt; auf immer rastet
Des Herzens Schlag, o! von wie schwerer Noth,
Von welchem Schmerz, den Keiner von uns kennt,
Der jetzt verehrend eure Namen nennt.

Wir wollen eure Gräber heilig halten,
Mit Blumenschmuck und Thränen sie bestreu'n,
Und uns're Hände betend drüber falten,
Und eu'r Gedächtniß jedes Jahr erneu'n,
Und unsern Kindern sagen: „Schauet her!
Die heil'gen Todten sind's von Deutschlands Heer."

Suum cuique.

20. Februar 1864.

1.

Wie heißt das Schwert, das nimmer zerbricht,
Das stärker, als Stahl ist und Eisen?
Das Schwert, das heller strahlt als das Licht,
Und siegend sich stets muß erweisen.
Das nicht schartig wird vom gewaltigsten Schlag,
Und nicht rostet, wie lang man's tragen mag.

Das herrlichste Schwert, es heißt das Recht,
Das gottgebor'ne, das reine.
Vor ihm muß sich beugen der Fürst und der Knecht,
Der Brave, so wie der Gemeine.
Und wer sich empört und trotzt auf die Macht,
Den schlägt es zu Boden in all' seiner Pracht.

Und wär's der König, und handelt' er schlecht,
So beschimpft' er die herrlichsten Ehren.
Ja, ehrlos sei, wer da weicht vom Recht;
Laßt den heiligen Fahnen uns schwören.
Auf der Feigheit Schild sei das Wappen die Schand',
Und das Schwert des Rechts zier' unsere Hand.

2.

Wenn die Macht liegt mit der Macht im Streite
Und hüben und drüben wirbt um's Recht,
Wo erfahr' ich dann, auf welcher Seite
Seine Liebe ist? Ihr Götter, sprecht!
„Es richten des Rechtes ernste Musen
Mit höchster Hoheit in deinem Busen."

Wer aber wird denn, was in der Welt
Geschehn und bestehn soll, richtend entscheiden?
Denn man kann nicht ewig beweisen und schelten,
Und Etwas muß am Ende gelten.
„Die Macht spricht Recht da für Einen von Beiden,
Wie der eherne Würfel des Krieges fällt."

„Das Recht ist besser als die Macht."
Verstehst du denn auch, was du sagst,
Wenn du so nutzlos klagst und klagst?
Verliehn wird Recht auch von der Macht;
Und wer's nicht selber sich schaffen kann,
Der zahlt für Hülfe dem stärkern Mann.

Schleswig-Holsteinisches Fahnenlied.

27. Februar 1864.

Blau ist der Himmel, voll ewigen Lichts,
Still und grundlos, wie Gottes Treue:
Spiegel des ewigen Angesichts
Ruht allleuchtend des Meeres Bläue.
Schleswig-Holstein, Land voller Ruhm,
Sei du der Treue Heiligthum.

Lauter, gleich dem perlenden Thau,
Glänzendhell, wie des Silbers Schimmer,
Rein, wie der junge Schnee auf der Au,
Strahlet die Ehre der Braven immer.
Schleswig-Holstein, Land voller Ruhm,
Sei du der Ehre Heiligthum.

Purpurn wallt im Herzen das Blut,
Und durchströmt uns mit Feuer und Leben;
Liebe erfüllt uns mit jauchzendem Muth
Läßt uns nach jeglichem Hohen streben.
Schleswig-Holstein, Land voller Ruhm,
Sei du der Liebe Heiligthum.

Frei nun wohnst du am Meeresstrand,
Theuer erstrittener Lohn der Kriege;
Mehre im Krieg nun mit starker Hand,
Mehre im Frieden Deutschlands Siege.
Schleswig=Holstein, Land voller Ruhm,
Werde Germania's Heiligthum.

Deutsches Feldlied.

2. März 1864.

Durch die Wolken leuchtet der Blitze Gold;
Blutroth ist der Himmel. Der Donner rollt.
    Vorwärts heißt die Parole!

Frisch grünen die Tannen an Oesterreichs Hut,
Voll heller Ehren, besprengt mit Blut.
    Vorwärts heißt die Parole!

Der schwarze Adler von Preußen fliegt
In den brausenden Lüften, und streitet und siegt.
    Vorwärts heißt die Parole!

Und ihr Andern aus Deutschland weit und breit,
Ihr Aare und Falken, heraus zum Streit!
    Vorwärts heißt die Parole!

„Hoch Deutschland!" rufen wir allzumal,
Auf dem Feld der Ehre vereint ohne Zahl.
    Vorwärts heißt die Parole!

Voll rother Blumen blüht der Schnee.
Die Blumen, sie heißen Tod und Weh.
    Vorwärts heißt die Parole!

Wer von uns kehrt voll Ruhm nach Haus?
Wer geht zum Richter im Schlachtgebraus?
    Vorwärts heißt die Parole!

Der richtet gerecht. Das hat nicht Noth.
Er geb' uns 'nen rechten Soldatentod!
    Halt! heißt dann die Parole!

Die eiserne Brigade. *)

20. März 1864.

Durch wilden Sturm mit Kriegsgesang
Marschirt gen Norden frei und frank,
Durch Schnee und Eis mit heißem Blut,
In's Dänenland mit zorn'gem Muth
     Die eiserne Brigade.

Was liegt hier rechts und links versteckt!
Wer ist's, der uns mit Kugeln neckt?
Welch' Land ist dies voll Schanzen hier!
Marsch! All' die Knicks, die stürmen wir,
     Die eiserne Brigade.

Hornist und Tambour führt die Reihn.
Hurrah! die Flinten fallen ein.
Und rostet im Gewehr der Schuß,
Kehr's um! Schlag' zu! Das ist der Gruß
     Der eisernen Brigade.

*) Der Führer der diesen Namen tragenden Brigade war
damals der Graf von Gondrecourt, später Erzieher des
Kronprinzen von Oesterreich.

Greif' an! Das ist die Kriegeskunst;
Dem Kühnen lacht Fortuna's Gunst.
Wie Sturm erbraus't, so sind wir da;
Im Kampfe ruft Victoria
   Die eiserne Brigade.

Am Czako Blum' und farb'ges Band,
So schreiten stolz wir durch das Land.
Kanon' und Flint', des Feindes Graus,
Strahlt blank. Die schmückt mit buntem Strauß
   Die eiserne Brigade.

Sieht Tann' und Federbusch von fern
Der Däne, hei! wie flieht er gern!
Mit gold'nen Ehren ist geziert
Die Brust der Helden. Das gebührt
   Der eisernen Brigade.

Und Jeder ist von Erz und Stahl,
Und stolzer, als ein General.
Sie lebe hoch! Noch einmal hoch!
Zum dritten Mal! Und immer hoch!
   Die eiserne Brigade!

Der brave Feldgeistliche.

24. März 1864.

Kennst Pastor Müller aus Münster noch nicht,
Du dummer Recrut?   Zum Herrgott spricht
Kein braverer Pastor auf Erden.
Das ist kein Pfaffe mit Worten bloß;
Der ist in Glauben und Thaten groß:
Drum soll er gepriesen auch werden.

Der General mit der glänzenden Suite
Ist am Liebsten da vorn, wo Jeder ihn sieht,
Nicht gern in der Mitte und hinten.
Der Schwarzrock mit dem kleinen Hut
Und dem Kreuz auf der Feldbinde folgt voll Muth,
Scheut auch nicht Säbel und Flinten.

Drum ist der Soldat dem Pastor hold:
Der steht in des höchsten Herren Sold;
Mit Gott, da läßt sich schon siegen.
Der Pastor gilt bei dem Herrgott Viel;
Das merkt man: es ist ihm Alles nur Spiel,
Wenn die Kugeln pfeifen und fliegen.

Er sitzt auf dem Gaul mit Gottvertrau'n,
Und läßt sich kühn vor dem Feinde schau'n;
Gott lenkt ja die Kugeln und Blitze.
Und wälzt sich einmal, eh' er absitzen konnt',
Sein munterer Gaul im Schnee vor der Front,
Lacht selbst er und freut sich der Witze.

Doch sieht er den Kameraden nun
Vom Feinde getroffen, da kann er nicht ruhn,
Da eilt er, Trost ihm zu spenden.
Die Kugeln, die regnen wild um ihn her:
Das Crucifix, das ist seine Wehr.
Er darf sich zur Flucht nicht wenden.

Da hört ihn der Sterbende dankbar an:
Er weiß, was er sagt, das meint auch der Mann;
Der kann nicht lügen und heucheln.
Da giebt er in's ewige Leben zuletzt
Noch ein Wort ihm mit, das im Tod ihn letzt,
Und denkt nicht, mit Trug ihm zu schmeicheln.

Und wo die Blessirten und Siechen all',
Ein Lazarus neben dem andern im Saal
Des Jammers und Elends liegen:
Da ist zu gering ihm Keiner, zu krank,
Er reicht ihm des ewigen Lebens Trank,
Und hilft die Noth ihm besiegen.

Du junger Recrut, ja! will's einmal
Der Herr, daß auf solchem Lager der Qual
Auch du sollst liegen und stöhnen:
Da send' er dir solchen Pastor zum Trost;
Sein Wort wird dir schmecken, wie Himmelskost,
Und wie himmlische Klänge dir tönen.

Im Lazareth.

„Elien Kossuth!" und „Fluch dem Kaiser!"
„Fluch, Czar, dir in der Hölle!" ruft
Ein wilder Ungar rauh und heiser,
„Ist hier im Norden meine Gruft?
Verdammt der Däne, der mich traf!
's ist noch zu früh zum ew'gen Schlaf."

Da tritt an's Lager, ernst und milde
Zu ihm 'ne zarte Frau'ngestalt;
Und plötzlich ruhig wird der Wilde,
Gebändigt wie von Allgewalt.
Lang hat sie dienend ihn gepflegt
Und fromm des Rohen Herz bewegt.

Ihm nahe liegt hohläugig, mager
Ein eitles Herrchen aus Berlin.
Das spottet: „Welch' ein üpp'ges Lager!
Wie würde Laura für mich glühn!
Bei Gott! ich fänd' es int'ressant.
Die Liebe wäre hier piquant!"

Da nahet schwarz des heil'gen Ordens
Barmherz'ge Schwester seinem Bett,
Die ihn empfing vom Feld des Mordens,
Gebracht auf strohbedecktem Brett.
Er stammelt Dank und nimmt gerührt
Den Trank, den sie zum Mund ihm führt.

„Ich glaube nicht an Gott und Liebe.
Was hilft mir Phras' und Unnatur!
Das Recht entscheiden Schwerterhiebe,
Und Christus war ein Schwärmer nur!
So knirscht ein Däne, wirr im Blick,
Und sinkt auf's Bett der Qual zurück.

Den Feind im Namen Jesu grüßend
Erneuert mit geschickter Hand,
Durch Freundlichkeit den Schmerz versüßend,
Ein Diakon ihm den Verband.
An Liebe glauben muß der Mann
Und sieht, was Christenglaube kann.

So führt der Krieg den Menschen wieder
Zum Menschen als den besten Freund:
Die Liebe macht aus Allen Brüder
Und friedlich ruht beim Feind der Feind.
Versöhnend eint Barmherzigkeit,
Was Glaub' und Politik entzweit.

Unsere Todten.
24. März 1864.
Gründonnerstag.

O heil'ger Tag des Friedens und der Gnade!
An dem die Liebe selbst sich einst zum Tod
Bereitete, daß Aller Wund' und Schade
Geheilt würd' und gestillet jede Noth.
Zu uns'rer Todten Gräbern wall'n wir heute,
Die für uns fielen in dem heil'gen Streite
Seit jenem Tage, da für's Vaterland
Zum Schwur zuerst wir huben uns're Hand.

Sie sanken hin in ihrer Jugend Blüthe
Und schauten all den Schmerz und Kummer nicht,
Den wir gesehn; sahn nicht, wie Lieb' und Güte
Entflohen mit verhülltem Angesicht.
Sie starben hoffnungsreich mit starkem Herzen,
Und hörten nicht des Feindes grauses Scherzen
Ob ihres Traums von Freiheit, Recht und Glück
Und kein Umsonst senkt' ihren kühnen Blick.

Jetzt schmückt der Herr die grünen Auen wieder;
Es blühet hell das finst're Todesthal:
Und aus erquickter Seele dringen Lieder;
Und Lust vergilt erlitt'nen Unrechts Qual.
Aus diesen Gräbern ist nun auferstanden
Erfüllungswonne, von des Todes Banden
Nicht mehr gehalten; die geweihte Saat
Trug hehre Frucht, den Lohn der großen That.

Einst trieb von hier uns bittere Verhöhnung;
Doch Rache woll'n wir nicht dem Feind erflehn.
Es ist der Tag der Liebe und Versöhnung,
An dem die Gnade läßt ihr Banner wehn:
's ist heil'ger Boden, den wir rings betreten,
Von Opfern voll der Thränen, wo mit Beten
Die Treue wandelt ohne Unterlaß,
Und die Vergebung stillet jeden Haß.

Wir kommen nun mit Danken und mit Hoffen,
In unf'rer Hand der Fahnen bunte Lust.
Ist euer Ohr im Jenseits heute offen
Dem frommen, frischen Ton aus unf'rer Brust?
O! schaut ihr Geister diese Lorbeerkränze,
Die wir euch weihn im neuen, schönsten Lenze?
Sie sind vergänglich. Aber immer nennt
Der Dank euch, euer schönstes Monument.

Im März 1864.

Das Eine lobe ich nimmermehr:
Uns zu befreien kamt ihr her;
Und fordern wir selbst zum Kampf die Wehre,
So weigert ihr uns die Mannesehre.
Sind wir nicht mehr der Ehre werth,
Zu schwingen für Deutschlands Recht das Schwert?

Prinz Friedrich Karl bei Düppel.
18. April 1864.

Prinz Friedrich Karl, der Preußenheld,
Das ist ein wack'rer Degen,
Der hat vor Düppel auf dem Feld
Nicht lange still gelegen.

Kanonen pflanzt' er über Nacht,
Fing an zu bombardiren;
Und eh' die Dänen sich's gedacht,
Thät er zum Sturm marschiren.

Der alte Fritze, der es hört',
Kam schnell herab vom Himmel,
Und schritt voran mit Ziethen's Schwert,
Im dichtesten Getümmel.

Der Ziethen blieb nicht lang zurück,
Er hatt' just Langeweile,
Und nahm des alten Fritze's Krück'
Von Petri's Stuhl in Eile.

„Prinz Friedrich Karl ist so geschwind!
Wenn du nicht schnell bist, dacht' er,
Und suchst den Säbel lang, gewinnt
Alleine gar die Schlacht er."

Der Ziethen war vom Himmelsthron
Zu spät herabgekommen.
Prinz Friedrich Karl, der hatte schon
Die Schanzen eingenommen.

Prinz Friedrich Karl, das klingt so gut,
Hat deutschen Klang daneben,
Drum Vivat hoch! und schwenkt den Hut!
Prinz Friedrich Karl soll leben!

Theodor.

Nachruf an Major von Beeren.

† bei Düppel; 18. April 1864.
The Dalles, in Oregon; 28. Juni 1864.

Trau're du, mein Vaterland!
Mit dem Schwerte in der Hand
Starb für dich der kühnste Krieger,
Starb, wie er als stolzer Sieger
Auf des Feindes Schanze stand.

Treu dir war er bis zum Tod;
Sah der Freiheit Morgenroth
Rings an deinen Himmeln glänzen.
Schmücke seinen Sarg mit Kränzen
Und mit Blüthen, blau=weiß=roth!

Denk' ich an dein Bild zurück,
Seh' ich noch den Adlerblick,
Der uns oft zum Siege führte,
Wenn zum Sturm die Trommel rührte,
Durch der Schlachten blindes Glück.

Schlafe sanft, mein Kamerad,
Auf der Freiheit Schlachtenpfad
Unter deutschen Bodens Decke,
Den dein Schwert, du kühner Recke,
Fremdem Joch entrissen hat.

Theodor.

Alsen.

28. und 29. Juni 1864.

Auf Alsens meerumgürtetem Strande
Saß lauernd der dänische Löwe lang,
Und schaute mit wildem, grimmigem Blicke
Herüber nach Schleswigs Fluren bang,
Wo er einst im unbestritt'nen Revier
Gejagt mit frevelnder Beutegier.

Nun flogen rings in dem schönen Lande
Die Edelfalken vom deutschen Gebirg,
Nicht achtend wie er mit verbissener Tücke
Nach Blute lechzte und eitlem Gewürg:
Nun kreiste da Preußens und Oesterreichs Aar
Im Fluge vereint, ein herrliches Paar.

Laut reizte zu thörichtem Widerstande
Der britische Leopard den Leu'n,
Für das Unrecht hoffnungsloses Streiten
Hartnäckigen Sinnes zu erneu'n.
O dänischer Leu! und vergaßt du so bald,
Wie er einst dich beraubt mit list'ger Gewalt?

Und wieder verdient' er durch Trug sich Schande;
Mit Worten nur stritt und half er dir kühn:
Wohl mocht' er zu frevelndem Kampf dich verleiten,
Doch dir überließ er Gefahren und Müh'n.
Du erprobtest die deutsche Heldenkraft;
Er schalt und prahlte nur heldenhaft.

Und ruhig erhob die gewaltigen Schwingen
Der helmgekrönte schwarze Aar:
Und trieb in die Flucht nach kurzem Ringen
Den rothen Löwen auf immerdar.
Dann baute in Alsens Eichenforst
Der preußische Königsadler den Horst.

Die Befreiung der friesischen Inseln.
12.—19. Juli 1864.

Wo giebt's wohl Reiter und Jäger noch mehr,
Wie Oesterreichs Jäger und Reiter?
Sie stürmen sogar die Inseln im Meer;
Das nenn' ich seltene Streiter.
Wo die deutschen Wogen vor Schleswig gehen,
Ihr Friesen des Meers, ihr habt es gesehen;
Wie kühn euch die Söhne der Berge befreit.

Ganz Schleswig-Holstein, weit und breit
War voll von Jubel und Ehre.
Wo den Gruß ein Meer dem anderen beut,
Sich begränzen das Land und die Meere,
In Jütlands Höh', auf dem sandigen Skagen,
Triumphirend dort hatten die Flügel geschlagen
Die Adler von Preußen und Oesterreich.

Die ihr schluget den ersten Schwertesstreich,
Jetzt schlagt auch den letzten des Krieges;
Und schmückt euer Haupt mit dem Lorbeer zugleich
Des ersten und letzten Sieges.
An der Schlei, da jagtet ihr Dänemarks Löwen;
Nun jagt von der See seine kreischenden Möven,
Die geschwinde, die beutegierige Schaar.

Wie sie kreischen und zittern vor'm deutschen Aar!
Da schreiten zu Fuß in die Wogen
Vier kühne Boten; die Augen klar,
Ob's stürmt an des Himmels Bogen.
Den Schiffen wollen sie Botschaft bringen;
Ob die Fluthen steigen, sie nieder zu zwingen,
Sie dringen hindurch mit festem Schritt.

Da springt durch's Meer im schäumenden Ritt
Der „Basilisk" mit dem „Blitze",
Und der „Seehund" tummelt sich lustig mit,
Und der „Wall", der aus mächt'gem Geschütze
Im nordischen Meer sprüht heiße Flammen,
Daß scheu das Geflügel allzusammen
Zum Ufer sich drängt vom feuchten Revier.

Ihr Jäger, mit wehender Federn Zier,
Wie jagt ihr auf wogenden Böten!
Jäh stürzen die Vögel, bald dort bald hier,
Und flattern in Todesnöthen.
Doch drüben am Strand schau'n hoffend und warten
Die Töchter der Inseln, ein Blumengarten,
Für euch mit frischer Liebe geschmückt.

Wie haben sie euch an's Herz gedrückt!
Das war der Friesinnen Ehre.
Wie sprangt ihr Steiermärker entzückt
Auf die sandigen Dünen am Meere!
Da habt ihr getanzt den Siegesreigen.
Nicht Schleswig=Holstein soll es verschweigen,
Wie Ihr seine letzte Scholle befreit.

„O freie Friesen, der Knechtschaft Leid
Ist vorüber und all' ihr Jammer.
Schlug euren eisernen Haß stahlhart
Der Tyrann mit geschwungenem Hammer,
Wir packten ihn fest, den „Hammer" des Meeres.
Ihr Männer der See, nun preiset des Heeres
Von Oesterreichs Bergen stählerne Art."

An Schleswig-Holstein.

1. Januar 1865.

Land du meiner heißen Liebe,
Meiner Heimath theures Land,
Doppelt schön im Freiheitskranze,
Den dir flocht der Deutschen Hand:
O! nun werde deutscher Treu'
Edles Beispiel, groß und neu.

Blanker Schwerter deutsche Hiebe
Schrieben klar dein Recht mit Blut:
Darum schließe dich an's Ganze
Fest mit opferfreud'gem Muth.
Edel bist du, aber klein;
Groß muß Deutschland wieder sein.

Daran kennet man den Schlechten,
Daß er klein und niedrig spricht.
Edel ist, wer seine Lanze
In des Höhern Dienste bricht.
Folgend wird er selbst ein Held,
Der gebieten kann der Welt.

Halt' am Großen, halt' am Aechten!
Dein ist auch das größte Recht,
Daß in Deutschland rings im Glanze
Wohn' ein mächtiges Geschlecht.
Führen soll, wer stolz und stark
Schirmen konnte Land und Mark.

Fest am Griff das Schwert zu halten,
Macht den Druck der Hand zwar hart.
Doch nach wildem Waffentanze
Schmückt die starke sanft und zart
Reich durch strengen Siegs Gewinn
Stadt und Land mit weisem Sinn.

Bald auf unserm Meer entfalten
Wird die Schwingen Deutschlands Aar.
Von des Schiffes hoher Schanze,
Fest die Hand, das Auge klar,
Lenkt der Schleswigholste dann
Deutschlands Steu'r, ein freier Mann.

Jauchzend singt er seine Lieder
In den blauen Meeresglanz:
Schleswig=Holstein hallt es wieder
Von der höchsten Well' im Tanz
Und die deutsche Fahne saust
Wild am Mast und stürmt und braust.

Das Deutsche Reich.

Von

Theodor und Christian Kirchhoff.

~~~~~~~~~~~~~

Deutschland 1865.

New-Orleans.   Beim Jahreswechsel 1865—1866.

Wenn nach des Krieges Donnern der Friede Blumen
pflückt
Und sie im Lorbeerkranze auf Siegerstirnen drückt,
Ein Volk den Preis errungen, um den's mit Herzblut
warb,
Wofür von seinen Braven so Mancher freudig starb:
Da ist es Schicksals Hohn,
Wenn auf dem Siegesmarsche schon
Ein uralt Hadern wie ein Blitz aus heiterm Himmel zuckt.

Mir träumt', aus heil'gem Blute, da spröße Einigkeit,
Und brächte meinem Volke vergang'ne Herrlichkeit.
Einst unter Löwen=Kaisern das erste Volk der Welt,
Deß siegreich Banner rauschte von Christ= und Türkenzelt,
Jetzt — trügerischer Schein! —
So groß, und ach! getheilt so klein! —
Die rothe Scham in's Haupt mir steigt, denk' ich der
alten Zeit!

Ach! laß die Nacht den Todten! — Ein neues Sonnen=
licht,
Ich seh's, wie's schon im Morgen durch Nebelwolken
bricht!
Begrabt das Jahr, das alte, und reicht euch fest die
Hand;
Das neue Jahr, es schaue ein ein'ges Vaterland!
Ein Held muß euch erstehn,
Mit Wort und That voranzugehn.
Sagt an, wo weilt mein Held, der kühn die große Losung
spricht?

Theodor.

Das neue Deutschland.

Boise City, in Idaho; im December 1867.

Als durch des Oceans Tiefen
Und über Länder weit
Der Blitz die Kunde brachte
Vom letzten Riesenstreit, —

Da war's so schwül, so dumpfig,
Als ob vom grauf'gen Kampf
Auf Ziska's Erde zöge
Bis hierher Pulverdampf.

Doch jetzt ist Alles heiter,
Und selbst die Wildniß schön;
Mir ist's, als ob die Berge
Im Festgewande stehn.

Die alten Farben fielen —
Wohlan, so hängt sie auf
In des Kyffhäusers Grabe!
Doch von dem höchsten Knauf

Der deutschen Dome alle
Laßt wehn im Morgenroth
Germania's neue Farben,
Die Banner schwarz = weiß = roth!

Ihr habt ihn gut begonnen,
Des neuen Hauses Bau;
Er strebt auf festen Säulen
Hoch in des Aethers Blau.

Doch sagt, wie können zögernd
Vorm Thor die Brüder stehn,
Wenn Alle eingeladen,
In's neue Haus zu gehn?

Wir, die im Fremdland wohnen,
Wir dünken kaum uns fern;
Von Deutschlands neuer Größe,
Wie reden wir so gern!

Ob breite Meereswogen
Uns trennen, bleiben wir
Mit Herz und Hand doch Deutsche
Auf fremder Erde hier.

Wir können's kaum begreifen,
Daß dort im Vaterland
Ein winz'ges Flüßchen scheidet
Die Brüder, stammverwandt.

Wohlan, ihr kühnen Baiern,
So kernig, deutsch und gut;
Ihr Franken, warm im Herzen,
Mit biederm, starkem Muth:

Du Sängervolk der Schwaben,
Wo Schiller's Wiege stand;
Ihr raschen Allemannen,
So treu mit Herz und Hand:

Sagt an, wer spricht die Losung,
Das echte deutsche Wort?
Wer reicht zuerst die Rechte
Den Brüdern dar im Nord?

Dann soll's ein Jubel werden,
Der durch die Erde hallt,
Und aufwärts zu den Sternen
Von Land zu Lande schallt.

Theodor.

Giebt es jetzt auch Catonen?

Den Göttern einst gefiel des mächt'gen Cäsar
Siegreiche Sache; aber die besiegte
Dem Cato: stolz beim starren Recht beharrt' er,
Verachtend die Gewalt, erkannte nicht,
Daß Recht auch altert, und verwirkt dahinsinkt,
Wenn man verkehrt den Werth der Dinge schätzt,
Den Mächtigern, ihm gleich, bedingen will,
Der kühn zerschlägt die geistentleerten Formen.
Dem todten Recht treu stürzt' er sich in's Schwert;
Wer hatte Recht, die Götter oder Cato?

Christian.

An meinem Schreibpult.
The Dalles in Oregon; October 1868.

I.

Bei meinem Schreibpult an der Wand,
Da hängt ein einfach Bildniß;
Das mahnt mich oft an's Vaterland
In fernen Westens Wildniß.

Wenn rechnend ich vorm Hauptbuch sitz'
Und mich die Zahlen plagen,
So blickt mich an der alte Fritz,
Als wollt' er Vieles sagen.

Ja, ja, du guter deutscher Held,
Ich kann dich schon verstehen!
Du willst, ich soll um's Jahr schon, gelt,
Zurück zur Heimath gehen!

Dein Deutschland, sagst du, ist so schön,
Kein beß'res Land auf Erden!
Du wirst es groß und mächtig sehn —
Und einig muß es werden!

Versprochen hab' ich's allerdings,
Um siebzig heimzukehren,
Doch fürcht' ich, Alter, sehr, ich bring's
Nicht fertig, — möcht' es schwören!

Die Dollars plagen mich noch mehr,
Als weiland gar die Mädchen;
Ich ginge gern, bei meiner Ehr'!
Fort vom Artikelstädtchen.

Doch ach! es fehlt das leid'ge Geld;
Du kennst Finanzenjammer!
Hier sitz' ich nun am End' der Welt
Mißmüthig in der Kammer,

Und möcht' den Koffer packen mir
Ganz voll von Golddublonen,
Und Anno siebzig fort von hier, —
Potz Bomben und Kanonen!

Welch jämmerliches Mißgeschick,
So'n armer Kauz auf Erden,
Dem lump'ge funfzig tausend Stück
Dukaten helfen würden!

So mancher reiche Speculant,
Der könnt' es gut entbehren.
Da muß ein Fichte oder Kant
Philosophie mich lehren!

Philosophie, ja, die thut noth,
Trotz Poesie und Psalter,
Wenn's handelt sich um's liebe Brot, —
Das wußtest du auch, Alter!

II.

Der Alte sprach: „So schäme dich,
Von Gelde mir zu klagen!
Aus Eisen machte Thaler ich
In bösen Kriegestagen."

„Und du allhier im gold'nen Land,
Um's Geld willst du dich quälen?
Ich dächte doch, wo's Gold wie Sand,
Kann dir's an Gold nicht fehlen!"

„Nach Deutschland willst du gern zurück;
Das lob' ich über Maßen!
So nimm beim Schopf das laun'sche Glück,
Und woll' ein Herz dir fassen!"

„Und deine Yankees, mit Verlaub,
Die sind mir ganz zuwider,
Die speculiren nur auf Raub,
Und beten hin und wieder." —

Ach ja, die Yankees, die sind Schuld,
Daß ich so lang hier weilte!
Oft bricht beinah' mir die Geduld,
Wenn gern ich heimwärts eilte.

Die Speculationen, ach!
Die wollen nicht gerathen.
Die Yankees rechnen's besser nach
Mit Dollars und Dukaten!

Ei was! bedenk' ich's gründlich mir,
Versuch' ich's noch ein Weilchen!
Vielleicht fällt von Millionen hier
Mir zu ein hübsches Theilchen!

III.

Ich sehe, sprach der Alte dort,
Den Krückstock fester fassend,
Du schreibst in Versen immerfort
Und reimst ganz hübsch und passend.

Auch ich schrieb manchmal ein Gedicht,
Französisch mich zu üben,
Doch meine Deutschen wollten nicht
Die fremden Verse lieben.

Ich habe stets ein großes Stück
Gehalten auf Poeten.
Der Voltaire weiß davon; — ein Glück,
Daß ich ihn nicht vonnöthen!

Doch sollst du nicht ein Beispiel dir
An meinen Versen nehmen;
Die deutsche Sprache wollte mir
Sich leider nicht bequemen.

Du hier, im fremden Yankeeland,
Trotz Gaunern und Gelichter,
Du bleibe nur mit Herz und Hand
Ein guter deutscher Dichter!

IV.

Ich denk' mitunter still bei mir,
Wenn ich so steh' am Schreibpult hier:
Säß' heute dort der alte Fritz
In Potsdam auf dem Königssitz, —
Was der wohl möchte treiben?

Ob dann der Neffe in Paris
Noch heut' der große Neffe hieß',
Und ob die Brüder überm Main
Nicht lieber Deutsche möchten sein,
Als ewig Schwaben bleiben?

Ich glaube, lebt' der alte Fritz
Und hielt' das Scepter fest, — Potz Blitz!
Ich glaub', er setzt' die Kaiserkron',
Die deutsche, auf, und rief' vom Thron:
„Ich Fritz bin deutscher Kaiser!"

Und all' die Kleinen rings im Land,
Vom Niemen her bis nach Brabant,
Von Schleswig=Holstein bis Tyrol,
Die würden rufen jubelvoll:
„Es lebe Fritz, der Kaiser!"

Theodor.

Gruß an Deutschland. *)

Wie ist von hohem Siegesmuth
      das deutsche Herz so voll,
Seit, wie ein Hohn, des Corsen Wort
      vom Frankenreich erscholl:
„Der Rhein soll Frankreichs Grenze sein!"
      — Da braust, wie ein Orkan,
Von Land zu Meer, von Meer zu Land
      ein Zornruf himmelan,
Der Deutschen Schlachtruf: Unser ist
      der Rhein, der deutsche Rhein!
Wir kämpfen drum, so lange dort
      noch wächst sein Feuerwein,
So lang' noch hohe Dome schau'n
      herab in seine Fluth,
Und bis der letzte deutsche Mann
      begraben in ihm ruht.

*) Gesprochen von Emil Niemeier in der Vorstellung im
Metropolitan Theater in San Francisco, am 12. Aug. 1870,
zum Besten der Verwundeten, und Wittwen und Waisen der
im Kriege gefallenen Deutschen.

Hört's! unsrer Sänger Lieblingsstrom,
          den Stolz vom deutschen Land,
Will nehmen uns das Frankenvolk
          mit frecher Räuberhand!
Die grüne Fluth, wo Lor'lei sang,
          die Fee mit gold'nem Haar,
Der Held der Nibelungen stritt,
          mit kühner Recken Schaar,
Wo zwischen Städten, anmuthvoll,
          und weinbelaubten Höh'n
Der Schlösser Pracht, der Villen Glanz,
          die moos'gen Burgen stehn. —
„Der Rhein soll Frankreichs Grenze sein?"
          Wir rufen donnernd: Nein!
Ein Volk in Waffen kämpfen wir
          um unsern Vater Rhein.
Wenn durch unsel'gen Bruderzwist
          man uns das Elsaß stahl,
Wir werden als ein ein'ges Volk
          es holen uns diesmal.
Ja! wehte auch manch' hundert Jahr
          das fränkische Panier
Zu Straßburg von dem Münsterthurm,
          herunter reißen's wir!
Es wird der alte Riesenbau,
          den deutscher Genius schuf,
Erbeben wie von freud'ger Lust,
          hört er den deutschen Ruf.

Auch hier bei uns, im fernsten West,
   wo von Australia's Strand
Die große Südsee Grüße bringt
   dem gold'nen Schwesterland —
All überall, durch Stadt und Flur
   im Reich Amerika
Erschallt der deutschen Söhne Ruf:
   „Dir Hoch, Germania!"
Ob Preuße, Baier, Sachse, Schwab', —
   was soll's? wer frägt darnach?
Dem großen Deutschland gilt der Ruf
   an diesem großen Tag!
Als von dem ersten mächt'gen Sieg
   die frohe Kund' erscholl, —
Das war ein Jubel, grenzenlos!
   Das Herz ward uns so voll,
Als ob's vor Freude brechen müßt'.
   Du deutsches Heer, frisch auf!
Vollende, wie Du ihn begannst,
   den stolzen Siegeslauf!
Und wird Dir untreu auch einmal
   der Schlachten wechselnd Glück,
So denk' an Leipzig's großen Tag
   und Waterloo zurück.
Und Du, der Deutschlands gutes Schiff
   im Sturm am Ruder hält,
Die Fahne nagle an den Mast!
   verkündend aller Welt,

Daß dies Germania's Ehrenkampf.

   Im Schlachtenhurrican,

Ob auch der Mast in Splitter bricht,

   steh' fest, du Steuermann!

Ein Hoch Dir, greiser Königsheld!

   Ein Hoch vom fernsten Meer!

Vergessen Alles! War uns einst

   das Herz so trüb' und schwer,

Als wir zu fremder Küste flohn,

   vergessen sei's. Die Hand!

Ein Hoch Euch Tapfern, die Ihr kämpft

   für's deutsche Vaterland!

Wir können in der Ferne hier

   im Geist nur bei Euch sein,

Wenn Euch der Schlachtensturm umbraust.

   Hier diesen Römer Wein,

Wir trinken ihn auf gutes Glück

   Dir zu, Germania,

Wir, Deine freien Söhne all'

   hier in Amerika!

        Theodor.

Deutschlands Ehrenkrieg.

San Francisco, 25. August 1870.

Durch Elsaß' und Lothringens schöne Gauen
Erdröhnt ein furchtbar ungeheurer Kampf;
Des größten Krieges schreckenvolles Grauen,
Umwogen Ströme Blut und Pulverdampf.
Für Deutschlands Einigkeit und Ehre streiten
Die Brüder dort, und von der ganzen Welt,
Aus Ost und West, von Nord und Ost begleiten
Sie heiße Wünsche auf das blut'ge Feld.

Das ganze Deutschthum stehet auf dem Spiele;
Wir fühlen's All', wir Deutsche über'm Meer.
Wenn gegen uns des Krieges Würfel fiele —
Es kann nicht sein! Und wär' der Kampf so schwer,
Daß auch die Greise zu den Fahnen müßten,
Wir müssen siegen. Seit der Erdball kreis't,
Sah man kein Volk zu solchem Kampf sich rüsten,
Für solchen Lohn, den uns der Sieg verheißt.

Der deutsche Geist, der Schöpfer der Gedanken,
Die unf'rer Neuzeit stolzes Eigenthum,
Er sollte beugen sich im Joch der Franken
Und dienen Bonaparte's feilem Ruhm?
Wir fürchten's nicht! und zieht's wie trübe Schatten
Mitunter durch die schlachtenschwang're Luft,
Nicht wird die deutsche Kraft im Streit ermatten;
Der deutsche Geist ist's, der zum Kampf sie ruft!

Schon lichten sich am dunklen Schlachtenhimmel
Die schweren Wolken; freier athmen wir,
Wenn sich der Schleier hebt vom Kriegsgetümmel
Und siegreich weht Germania's Panier.
Es bringt der Blitz uns täglich große Kunde
Von ungeheuren Thaten, die vollbracht,
Und durch die Welten schallt mit Donnermunde
Der Wiederhall von jeder ries'gen Schlacht.

Wir fühlen deine Trauer, deine Freude,
O Vaterland, mit Dir am fremden Strand;
Und ob uns trennt des Erdballs fernste Weite,
Wir sind Dir nah' im geistigen Verband.
Wirst mächtig Du, wird man uns höher achten;
Doch ist es Ruhmsucht nicht, die uns erfüllt:
Die Lieb' zur Heimath, nicht der Ruhm der Schlachten
Ist's, was dem Deutschen als sein Höchstes gilt.

Theodor.

Schleswig-Holsteins Dank.

Ende August 1870.

Nun hast du ächten Dank bezahlt,
Mein Schleswig=Holstein, theures Land,
Mit deinem Leben, deinem Blut,
Den ächten Dank mit tapf'rer Hand.
Das große Deutschland nimmt ihn an:
Wir stehn zusammen Mann für Mann.

Wir haben nicht mit Dank geprahlt;
Die That ist mehr als Worte werth.
Man ließ uns nicht mit altem Muth
Mitstreiten für den eignen Heerd.
Wir waren bess'rer Ehre werth,
Als daß man uns verbot das Schwert.

Zum ersten Mal im wälschen Land
Als Krieger Deutschlands strittst nun du,
Mein Schleswig=Holstein, Jedem gleich,
Und schlugst mit starkem Arme zu:
Wie einst im Heimathland du zwar
Unglücklich strittst, doch brav fürwahr.

Hier an der deutschen Meere Strand,
Da ward die Eichensaat gesä't,
Die jetzt im weiten deutschen Reich
Als Wald der schönsten Eichen steht:
Und tausend Jahre wachs' er nun,
Darin zu wandern und zu ruhn.

Wie braust der Sturmwind feierlich,
Der Sturm des Siegs durch diesen Wald!
O Schleswig=Holstein, freue dich,
Da auch dein Lied darin erschallt.
Am Ehrentag des Vaterlands
Trägst du des Ruhmes Eichenkranz.

Christian.

Victoria!!

San Francisco, 4. September 1870.

Wie herrlich stehst Du heute da,
Dein blankes Schwert gezückt,
Germania, der die Siegeslust
Aus blauem Auge blickt!
　　Hurrah, hurrah, Germania!
　　Victoria! Victoria!!

Zerschmettert liegt des Erbfeinds Macht.
Es traf Vernichtung ihn,
Der sich gerühmt in's deutsche Land
Im Siegstriumph zu ziehn.
　　Hurrah, hurrah, Germania!
　　Victoria! Victoria!!

Dem Corsen hat es schier gegraut
Vor Blut in dieser Schlacht;
Den Degen hat er zitternd Dir
Der Siegerin gebracht.
　　Hurrah, hurrah, Germania!
　　Victoria! Victoria!!

Bei Sedan war's. Es stand zum Kampf
Das Frankenvolk geschaart;
Dort trafen's wucht'ge Schläge schwer
Nach echter deutscher Art.
     Hurrah, hurrah, Germania!
     Victoria! Victoria!!

Umzingelt ward der starke Feind.
Im Wettlauf vor! hurrah!
Wer ruft zuerst vom deutschen Heer
Vivat, Victoria?
     Hurrah, hurrah, Germania!
     Victoria! Victoria!!

Die Sachsen rechts, die Baiern links, —
Hurrah! mit Trommelschlag!
Seit Leipzig ist's und Waterloo
Der schönste Ehrentag!
     Hurrah, hurrah, Germania!
     Victoria! Victoria!!

Die Preußen mit dem Bayonnet
Erstürmen alle Höh'n;
Wie Mauern vor dem Anprall sie
Der Eisenreiter stehn.
     Hurrah, hurrah, Germania!
     Victoria! Victoria!!

Jetzt donnert mit dem Krupp'schen Baß,
Kanonen ihr von Stahl,
Und redet zu dem Räubervolk
Ein deutsches Wort einmal!
    Hurrah, hurrah, Germania!
    Victoria! Victoria!!

Dem Franzmann dünkt es schlechter Spaß,
Die Waffen wirft er fort.
Einhundertzwanzigtausend Mann
Ergeben schnell sich dort.
    Hurrah, hurrah, Germania!
    Victoria! Victoria!!

Und was das Beste war vom Strauß:
Die wackern Kriegesleut',
Die schmiedeten da felsenfest
Die deutsche Einigkeit.
    Hurrah, hurrah, Germania!
    Victoria! Victoria!!

Drum blickst Du auch aus blauem Aug'
So froh, Germania,
Und rufst es durch die ganze Welt:
Sedan! Victoria!
    Hurrah, hurrah, Germania!
    Victoria! Victoria!!

                  Theodor.

Germania's Gruß.*)

Was ruft mich über Land und Meer
    nach California's Strand
Vom kampfumwogten Schlachtgefild
    im fernen Frankenland?
Für meine Söhne wach' ich dort,
    wenn sie der Tod umbraus't,
Und durch die kühnen Männerreih'n
    der Sturm der Kugeln saus't.
Noch jüngst war Fried' in meinem Reich',
    gesegnet lag die Flur;
Die ems'gen Schnitter folgten froh
    der Sicheln gold'ner Spur.
Da plötzlich scholl vom Welschenland
    ein wüstes Kriegsgeschrei;
Zum Kampfe rief ich schnell mein Volk
    aus allen Gau'n herbei.

*) Gesprochen von Ottilie Genee in Kostüm, zur Eröffnung
der von dem deutsch=patriotischen Frauenverein in San Francisco
im Mechanic's Pavillon veranstalteten Feier, 8.—12. September
1870; zum Besten der Verwundeten, Wittwen und Waisen
der im Kriege gefallenen Deutschen.

Der Schnitter warf die Sichel fort
    und faßte sein Gewehr;
Wie eine Sturmfluth wälzte sich
    zum Rhein mein tapf'res Heer.
Vergessen war der alte Groll,
    der Süd und Nord entzweit;
Auf Frankreichs blut'gen Feldern wird
    der neue Bund geweiht.
Der Corse griff mit Räuberhand
    nach Deutschlands heil'gem Gut;
Ihm strafte schrecklich das Geschick
    den blinden Uebermuth.
Zerschmettert ward von deutscher Faust
    schon Bonaparte's Macht,
Gefangen er mit seinem Heer
    in der Vernichtungsschlacht.
Ihr rieft mich her vom Schlachtgefild,
    die Feier hier zu schau'n,
Wo reichen Segen spendeten
    mit Lust die deutschen Frau'n.
In eure Mitte eilte ich,
    die Mutter, freudig her,
Zu sehn, was meine Kinder hier
    erstrebt am fernsten Meer;
Wie sie sich mühten, liebevoll,
    zu Opfern gern bereit,
Für Jene, denen Wunden schlug
    der große heil'ge Streit.

Mit stolzer Freude muß ich heut'
　　in eurer Mitte stehn!
Nie hab' ich so mein edles Volk
　　wie jetzt vereint gesehn.
Es trennet nicht der Raum, die Zeit
　　die Deutschen fern und nah;
Die deutsche Treue grüßet mich
　　auch in Columbia!
So heimisch blickt mich Alles an!
　　Ich habe gleich erkannt
An dieser Halle sinn'gem Schmuck
　　die zarte Frauenhand.
Des bösen Krieges schwere Noth
　　zu lindern, seid ihr hier
Zu dieser ernsten Zeit vereint.
　　Gott segne euch dafür!
Ich kenne euren deutschen Sinn,
　　der freudig Opfer bringt,
So oft ein Weh vom Vaterland
　　zu euch herüberdringt.
An manchem Schmerzenslager hab'
　　ich trauervoll gewacht,
Und bleichen Lippen abgelauscht
　　den Dank, den sie gebracht;
Es kamen gold'ne Boten oft
　　aus weiter Ferne her;
So viele Worte, liebevoll,
　　geflügelt über's Meer.

O, haltet stets an deutschem Sinn
     und deutscher Treue fest,
Die ihr, des Deutschthums Hüter seid
     beim gold'nen Thor im West!
Es weht mich an wie Heimathluft
     an diesem fremden Strand,
Wo eure Hütten ihr gebaut;
     Gesegnet sei dies Land! —
Doch sieh! schon tagt es fern im Ost!
     In früher Morgenstund'
Umröthet sich der Horizont
     am andern Erdenrund.
Lebt wohl nun, meine Kinder hier!
     Leb' wohl, Amerika!
Es grüßet, Land der Freiheit, dich
     mit Stolz Germania.
Zu meinen Söhnen muß ich jetzt,
     die ich in Frankreich ließ.
Lebt wohl, ihr Kinder, lebet wohl! —
     Mein Weg geht nach Paris!

Theodor.

Für's Vaterland! *)

Auf's Neue führt die Liebe uns zusammen
Für uns're Heimath hier im fremden Land;
Es leuchtet von den rothen Kriegesflammen
Der Wiederschein hierher nach diesem Strand.
Auf Frankreichs blut'gen Kampfgefilden schallet
Der Schlachtenruf von Deutschlands Heldenheer,
Und seines Siegesmarsches Donner hallet
Zu uns herüber bis an's fernste Meer.

Wie haben wir mit freud'ger Lust vernommen,
Welch' große Thaten deutscher Muth vollbracht!
Doch auch des Jammers trübe Boten kommen
Vom Vaterland zu uns nach jeder Schlacht.
Sie reden von der Wahlstatt, graus'gen Siegen,
Wo Deutschlands Söhne, zahllos hingesä't,
Auf Frankreichs blutgetränkten Feldern liegen,
Wie Aehren von der Sichel fortgemäht.

*) Vorgetragen von Bernhard Schlingheide in der deutschen Massen-
Versammlung im Metropolitan-Theater in San Francisco, am
11. October 1870.

Sie zogen aus in voller Jugendstärke,
Das Auge hell, die Waffe fest zur Hand —
Die Blüthe Deutschlands! — zu dem schönsten Werke,
Zum Kampf für's ein'ge, große Vaterland.
Sie waren treu dem Schwur! — doch Gräber decken
So Manchen jetzt in fremder Erde zu;
Und keine frohen Siegsgesänge wecken
Die Tapfern auf aus ihrer stillen Ruh'.

Und viele Tausende, mit heißen Wunden,
Sie liegen auf dem Schmerzenslager matt;
Wie langsam schleichen hin die nächt'gen Stunden,
Wenn sie der Fiebertraum umfangen hat!
Und kommen lichte Augenblicke wieder,
So denken sehnend sie an Weib und Kind,
Und an die Tausende der tapfern Brüder,
Die für das Vaterland gefallen sind.

Ach! weinend sitzen in der stillen Kammer
Das Weib, die Kinder so verlassen dort,
Die Augen wund von namenlosem Jammer,
Und denken an des Schlachtfelds Graus und Mord.
Schon steht am Thor des Elends bleicher Schatten —
Ach! der Ernährer kehret nie zurück!
Gebettet liegt er unter blut'gen Matten;
Er opferte dem Vaterland sein Glück.

Wir wissen's ja! — wir, die am gold'nen Strande
Die neue, schöne Heimath aufgebaut.
Wie oft ertönte schon vom Vaterlande
In bitt'rer Noth zu uns der Klagelaut!
Was uns ein freundliches Geschick bescheerte,
Wir theilen's, jene Noth zu lindern, gern;
Die Mutter, die das deutsche Wort uns lehrte,
Vergaß noch Keiner, wär' er noch so fern!

Zu Euch, die hier in dieser ernsten Stunde
Beisammen sind, zu Euch ein bittend Wort:
Es brennt so manche heiße, offne Wunde,
So manche bitt're Thräne fließet dort!
Die Liebesboten schickt mit vollen Händen,
Es wird Euch ja der schönste Lohn dafür —
Von Schmerzenslagern werden Dank sie senden,
Und Segenswünsche von der Waisen Thür.

Den Braven aber, die die Waffen trugen
Vom freien Rheinstrom siegreich nach Paris,
In zwanzig Schlachten fränk'schen Hochmuth schlugen;
Dem Heer, das Deutschlands Banner wehen ließ
Von Straßburgs Dom, — ein donnernd Hoch, ihr Brüder!
Kein Süd, kein Nord! — ein ein'ges Deutschland sei's!
Und komm' er bald, der gold'ne Friede wieder,
Und bring' uns dieses Gut als schönsten Preis!

Theodor.

Fest-Prolog. *)

Den Gruß der Liebe bringen euch die deutschen Frauen
Auf's Neue heut'; — es gilt dem Vaterland!
Sie riefen euch hierher, der Bilder Schmuck zu schauen,
Die nach dem Leben sinn'ge Kunst erfand.
Nicht Meisterschaft, ihr wißt es, ist uns eigen;
Wir möchten durch die That die Liebe zeigen.

Vom Heimathlande ist ein Hülferuf erklungen,
Der mächtig jedes deutsche Herz erfaßt:
Die Wittwen uns'rer Helden, die den Feind bezwungen
Und siegreich starben, drückt des Elends Last;
Die Waisen der gefall'nen Krieger darben,
Der Brüder, die für Deutschlands Größe starben.

Sie ließen Weib und Kind, des Mannes höchste Güter,
Zurück und zogen in die grauf'ge Schlacht.
Nicht war's für eitlen Ruhm, nicht als der Throne Hüter,
Daß sie zum Schwerte griffen; nein! — als Wacht,
Als Schützer von des Rheines deutschen Wogen
Sind Deutschlands Söhne in den Tod gezogen.

*) Gesprochen von Frau J. Isaac, zur Eröffnung der patriotischen
   Vorstellung, gegeben von den deutschen Frauen San Francisco's
   in Platt's Halle, am 14. Februar 1871, — zum Besten der
   Wittwen und Waisen gefallener Landwehrleute.

Laß weinen Weib und Kind! und mag die Thräne zittern
Im Männerauge! — wischt die Thräne fort! —
Es ruft das Vaterland. — Horch! wie von Sturm=
                    gewittern
Der Donner kracht, so braust's von Ort zu Ort.
Ein ganzes Volk steht auf, sich zu erwerben
Der Einheit höchstes Gut, und sei's — zu sterben.

Und ob der Tod sie tausendfach im Kugelregen,
Im Schlachtendonner schrecklich sie umringt;
Ob tief im Feindesland auf blutgetränkten Wegen
Beim Marsch so Mancher matt zu Boden sinkt;
In bitterkalter Nacht sie schlaflos liegen
Auf feuchtem Grund, — die Deutschen mußten siegen.

Es war als wie ein Traum, die Zeit, die jüngst ent=
                    schwunden.
Wie einer neuen Ilias Bilder sind
Vorbeigegangen des Jahrtausends größte Stunden
Vor unserm Blick; es werden Kindeskind,
Die spätesten Geschlechter staunend fragen
Nach jenem Heldenvolk von unsern Tagen.

Paris, die Stolze, die sich unbezwingbar dachte,
Sie büßte ihren Hochmuth schrecklich schwer.
Als auf ihr Haupt der Sturm der deutschen Bomben
                    krachte,
Im Eisenarm Germania's Heldenheer

Sie eng umschlossen hielt; mit Todesschauern
Des Hungers bleich Gespenst in ihren Mauern;

In hundert Schlachten Frankreichs Waffenmacht erlegen,
Zersprengt, gefangen, rettungslos besiegt,
Wie nie ein Heer es war, von deutschen Keulenschlägen;
Die Hoffnung starb, als naht' ein Weltgericht: —
Da öffnete sie zitternd ihre Thore
Den Siegern und der deutschen Tricolore.

Und welch ein Gut hat uns der große Sieg beschieden!
Der Nationen erste sind wir nun,
Der Menschheit hohe Hoffnung.   Nach dem gold'nen
                                        Frieden —
Und möge bald der Schlachtendonner ruhn! —
Da wird das deutsche Volk auf dieser Erden
Der Schöpfer einer schön'ren Zukunft werden.

Doch Jenen, die in Frankreichs Erde still verblieben,
Den Zoll des Dankes! O, vergeßt ihn nicht!
Sie ließen uns zurück als Erbtheil ihre Lieben;
Für die zu sorgen sei uns heil'ge Pflicht.
So helft uns treu bei diesem schönen Streben, —
Den Wittwen und den Waisen Trost zu geben.

Theodor.

Zur Friedens-Feier in San Francisco.*)

Des Friedens Silberglocke hat geschlagen;
　　Vergossen ist des Blutes jetzt genug! —
　　Und Clio hat mit Flammen eingetragen
Germania in der Weltgeschichte Buch.
　　Jetzt trage heim, Du Heer von Deutschlands Söhnen,
　　Im Blumenschmuck Dein stolzes Fahnentuch!
Und laß Dein Lied „Die Wacht am Rhein" ertönen
　　Beim Freudenmarsch durch's deutsche Vaterland!
　　Kein fränk'scher Räuber soll dich jemals höhnen,
Du grüner Strom, der solchen Schützer fand, —
　　Das deutsche Schwert in deutschen Heldenhänden. —
　　Die Eitlen prahlten, daß an Deinem Strand
Kampfschnaubend bald die Rosse Gallia's ständen;
　　Stolz würden ihre Legionen schnell
　　Den Siegerschritt nach Deinen Ufern wenden,
Mit deutschem Blute röthen Deine Well'! —
　　Ein eitles Wort, von Prahlenden gelogen.
　　Es hat gefärbt des rothen Blutes Quell
Nicht uns'res deutschen Rheins smaragd'ne Wogen:
　　Die Ströme Frankreichs sind im Purpurkleid,
　　Wie roth vor Scham, von Berg zu Thal gezogen.

*) Vorgetragen von Eduard Budwig, beim Volksfeste im
„City Garden", am 22. März 1871.

Doch nicht mit bitterm Spott und niedrer Freud'
   Mag Deutschland die gefall'nen Feinde kränken;
   Es steht so groß nach diesem Riesenstreit! —
Nicht will's an altes Leid und Elend denken,
   Das Frankreich oft in seine Gauen trug,
   Will Mitleid seinem Todfeind selber schenken.
Und wenn er oft ihm tiefe Wunden schlug,
   Geraubt die schönsten Perlen seiner Krone, —
   Nicht will's vergeltend, des Erob'rers Fluch
Nun tragen, wie dem Menschenrecht zum Hohne;
   Es nimmt zurück sein heil'ges Erbe nur,
   Sein Eigenes, für alles Blut zum Lohne.
Und ward entfremdet auf der deutschen Flur
   Das Kind, vom Erbfeind tückisch uns genommen,
   Verdorben fast durch gleißende Cultur, —
Die Brüder heißen doppelt es willkommen;
   Und heimisch wird's im Vaterhause bald,
   Wo es der Liebe süßes Wort vernommen.
O, welch ein Jubel zu den Sternen schallt,
   Da mit dem Frieden Alles jetzt errungen!
   Der Schlachten letzter Donner ist verhallt,
Verkündend, daß das große Werk gelungen.
   Wonach die Edelsten des Volks gestrebt,
   Wovon sie sprachen mit Prophetenzungen:
Wir haben diese große Zeit erlebt!
   Die Stämme all', im Süden wie im Norden,
   Sind Eins bis in den Tod; Germania hebt
Ihr siegreich Banner hoch, und jung geworden

Tritt herrlich sie vor die erstaunte Welt.
Vom Tod umbraust und wilden Schlachtaccorden
Ist sie erstanden auf dem blut'gen Feld.
Jetzt Arm in Arm ziehn heimwärts Deutschlands
Söhne,
Die lang vereint beim Kampf, im Lagerzelt.
Ein Willkomm ruf' den Helden zu und kröne
Mit Lorbeer ihre Stirn, Du Vaterland!
Ein Hohes Lied, wie keines noch, ertöne
Von Alpenhöhn bis zu der Meere Strand!
Ihr Frauen Deutschlands, windet Blumenkränze,
Und reicht den Kriegern sie mit treuer Hand,
Und nehmt der Blüthen reichste Zier dem Lenze,
Und streut auf ihren Pfad die bunte Pracht!
Du deutsches Auge blicke froh und glänze
Wie Aethersblau, wenn hell die Sonne lacht!
Von allen Deutschen auf des Erdballs Breiten
Sei unsern Helden heut' ein Hoch gebracht!
Wir sehn im Geist die Regimenter schreiten,
Die nie besiegten, mit Musik und Sang
Durch Deutschlands Städte; Tausende begleiten
Die schlachtgebräunten Männerreih'n; beim Klang
Der Hörner nah'n sich blitzende Gewehre,
Die einst bei Wörth erkämpft im Schlachtendrang
Den ersten großen Sieg dem deutschen Heere,
Von dem die Kunde, ein Posaunenstoß,
Herüberklang nach Westens Hemisphäre,
Und einen Jubel wach rief, grenzenlos.

Stolz wehn die Fahnen von den Bataillonen,
  Zerfetzt vom feindlichen Granatgeschoß.
Sie sahn den Kampf der eisernen Schwadronen
  Bei Mars la Tour, das blutgetränkte Feld
  Von Gravelotte, vor Sedan's Bastionen
Des Corsen Fall, und Frankreichs Macht zerschellt, —
  Bis selbst Paris geöffnet seine Thore.
  Es ist, als ob nach dieser fernen Welt
Der Jubel schallet, der im Freudenchore
  Des Volkes Heer begrüßt im Vaterland.
  Von jedem Haus wallt Deutschlands Tricolore,
Und weiße Tücher wehn in Frauenhand,
  Und bunter Blumenregen strömt hernieder,
  Als Dankeszoll den Tapfern zugesandt.
Von lautem Hurrah hall'n die Lüfte wieder:
  „Die Landwehr kommt!" — so schallt's von
                              Mund zu Mund.
  In Reihen, endlos, nahn die dichten Glieder:
Der Bayonnette Wald von Blumen bunt,
  Und laubumkränzt der Helme blank Geschmeide;
  Und von den festen Schritten dröhnt der Grund.
Die Väter sind es, im Soldatenkleide,
  Die Gatten, auf der Schulter das Gewehr;
  Alldeutschland rief sie auf zum heil'gen Streite, —
Und ihnen ward kein Schreckenskampf zu schwer!
  Es fragen Diesen, Jenen bang die Frauen,
  Ob wohl der Liebste unterm Kriegesheer?
Sie hofften mondenlang, mit Gottvertrauen,

Und trugen still das Leid in ihrer Brust:
Doch wo sich Mann und Gattin wiederschauen,
Da weint und lacht das Herz zugleich vor Lust.
Hier trägt ein Grenadier den blonden Knaben,
Der solcher hohen Ehre sich bewußt,
Muskete, Tasche und Tornister haben
Die ältern Buben hurtig schon gefaßt:
Als trügen sie die reichsten Liebesgaben
Stolziren sie dahin mit ihrer Last. —
Doch ach! mit Friedens heitern Freudenboten
Weilt in der Heimath mancher trübe Gast:
Die ernste Trauer um die großen Todten;
An Schmerzenslagern hoffnungsloses Leid,
Wo zahllos fast, mit Wunden, purpurrothen,
Die Opfer liegen von dem graus'gen Streit;
Und dann die Sorgen Tausender, verlassen
Mit ihrer Noth in thränenreicher Zeit!
Wie Viele, ach! die's nimmer noch erfassen,
Daß ihr Versorger niemals wiederkehrt.
So manche Trauernde blickt auf die Straßen,
Wenn wieder sie den Klang der Hörner hört;
Ob nicht ein theures Antlitz sie erspähet,
Der Gatte nah vielleicht dem heim'schen Heerd?
Und wenn der Kriegerzug vorüber, gehet
Sie still in's Stübchen, weint den Jammer aus.
O teutsches Volk, das jetzt so herrlich stehet
In stolzer Größe nach der Schlachten Graus,
Vergiß sie nicht, die Zähren, die geweinet,

Und bringe Trost in jedes Trauerhaus!
Bist unter Krieges Thränen ja geeinet!
  Sie sind ein heil'ger Born, aus dem das Bild
  Von Deiner neuen Größe wiederscheinet,
Von Friedens gold'nem Zauberglanz umhüllt.
  Und all ihr Deutschen hier am fernen Strande
  Die jetzt der Heimath Ruhm mit Stolz erfüllt, —
Erinnert Euch der Noth im Vaterlande!
  Ihr saht von hier, wie aus der Vogelschau,
  Wie seine Macht das deutsche Volk erkannte,
Allein den Erbfeind schlug und rasch den Bau
  Des neuen Reichs mit starker Hand vollendet;
  Wie's mit dem Schwert zurücknahm Elsaß' Gau,
Den einst des Franken Tücke ihm entwendet:
  Ihr habet mitgejauchzt aus voller Brust,
  Als Schlag auf Schlag in Staub den Feind gesendet,
Und wo von großem Leide ihr gewußt,
  Da gabt ihr Alle gern, mit warmem Herzen.
  Ihr habet mitgelebt in Leid und Lust
Der Heimath Freude und der Heimath Schmerzen.
  Doch heute soll beim schönen Friedensfest,
  Gefeiert hier mit Jubel, Sang und Scherzen,
Dir, ein'ges Deutschland, aus dem fernsten West
  Ein donnernd Hoch vieltausendfach ertönen!
  Im Sturm der Zeiten stehe felsenfest,
Zu Schutz und Trutz mit Deinen Heldensöhnen!

Theodor.

An die
heimkehrenden schleswig - holsteinischen Truppen.

Reich an Siegen und an Ehren
Kehrt aus Wälschland ihr zurück,
Schleswig=Holsteins brave Söhne;
Mit euch kehrt des Friedens Glück:
Und in eurem Siegeskranz
Perlt der Freud' und Wehmuth Glanz.

Fernhin von den deutschen Meeren
Trugt ihr über'n deutschen Rhein,
In das Frankenreich, das schöne,
In das Land voll eitlem Schein,
Eure Sachsenfahnen weit
In dem großen, heil'gen Streit.

Ja, das war ein großes Werde,
Das die deutsche Zunge sprach,
Als ein jeder deutscher Krieger
Einen Zweig des Ruhmes brach,
Schöner, als er's je geglaubt,
Für des deutschen Kaisers Haupt.

Mancher ruht in Frankreichs Erde,
Dessen hoffnungsreicher Mund
Bei dem Abschied Siegeslieder
Jubelte in hoher Stund';
Trauernd denken wir im Glück
Sein im heil'gen Augenblick.

Aber ihr, seid hoch willkommen,
Froh umarmt mit Preis und Dank;
Singt, o Helden, heimgekommen,
Euren lauten Siegsgesang:
„Schleswig-Holstein stammverwandt,
Groß ist nun dein Vaterland."

Christian.

An Dänemark.

So reich' uns endlich nun zu festem Frieden,
Du tapf'res Inselvolk, die Bruderhand.
Wir waren lang genug einander Feinde;
Du hast der deutschen Kriegskunst Macht verkannt,
Und dir zum Schaden Rache lang vergebens
Gehofft mit zäher Kraft des Widerstrebens.

Doch jetzt auf immer ist der Kampf entschieden.
Vom Haupt gerissen ist der falsche Kranz
Des Lorbeers deinem prahlerischen Freunde,
Der dich geblendet mit des Ruhmes Glanz;
Und herrlich steht vor dir mit einem Male
Das große Deutschland in des Sieges Strahle.

Sei denn fortan der Freund des wirklich Großen;
Du redest uns verwandt Germanenwort.
Leid brachte dir die Freundschaft des Franzosen.
Von uns empfingst du einst des Glaubens Hort,
Von uns die Schönheit und des Wissens Klarheit:
Drum werde neidlos unser Freund in Wahrheit.

Christian.

Hymne.

Am Himmelfahrtstage 1871, 18. Mai, unter den Friedens-
Bedingungen, in den Altonaer Nachrichten.

Ewig thront
Das göttliche Wesen,
Das furchtbar heilige,
Das lieblich ernste.

Heiteres Licht
Strömt ihm vom Auge
Segnender Liebe,
Und es sprossen
Die Lenze der Sterne.

Vor ihm ist Tod
Nur Wechsel des Lebens.
Seines Zornes Blicke,
Blendende Blitze,
Versengen zu Asche
Die wilden Frevler
In des Stolzes Blüthe.
Herrlicher dann
Aus der todbefruchteten
Mutter Erde
Erblüht des Friedens
Paradies.

Andern verhüllt er nur
Gnädig sein Antlitz
Eine Weile.
Harr'n wir geduldig!
Hoch vorüber
Ziehn die nächtigen
Wolken der Trübsal;
Regnen sich aus,
Wenn tiefer sie sinken.

Aus Morgenröthe
Dann neugeboren
Steigt golden die Sonne,
Seines Auges
Himmlischer Abglanz.

Neue Jahre,
Doppelt reiche,
Schenkt uns der Vater,
Der uns geläutert,
Sie rein zu genießen.

Und wir preisen
Dauernd gerettet,
Doppelt entzückt
Seine heilige,
Ewige Liebe.

Christian.

.

Der Krieger und sein Mädchen.

Von

Christian und Theodor

Kirchhoff.

Zuerst verfaßte Theodor dieses Gedicht 1848. Später aber hat Christian so viel Antheil daran genommen, daß es als gemein=sames Werk gelten muß.

Du, Jugend, singe diese Lieder,
Die du für's heil'ge Vaterland
Dein Alles opferst. Sing' sie wieder
Als Sieger an der Liebe Hand.

1.

Die Parade.

Auf grünender Wiese des Mai's paradirt
Im Waffengeschmeide das Heer;
Beim rauschenden Hörnerklang stolzirt
Der Soldat in blinkender Wehr.

Hier stehn die friedlichen Bürger, und schaun
Erfreut das prächtige Spiel;
Dort staunen im Kreis die lieblichen Fraun,
Und plaudern und scherzen viel.

Jetzt schmettert der Hörner berauschender Klang;
Lang baut sich die Mauer von Erz:
Und der Obrist mustert die Glieder entlang;
Bang pocht den Mädchen das Herz.

Bald kehren die Schaaren vom sonnigen Plan,
Den der Tod nur scherzend betrat:
Hoch flattern die Fahnen; sie nahn, sie nahn,
Gedrängt auf stäubigem Pfad.

Da kommt er, der Schönste! wie stolz er sich hält,
Und schreitet so trotzig einher,
Als fürchtet' er nicht die ganze Welt
Mit seinem blanken Gewehr!

Kühn grüßt er die Schönste. Mit lachendem Mund
Erwiedert sogleich sie den Gruß.
Und schöner noch blüht sie auf zur Stund',
Und stolzer noch hebt er den Fuß.

2.
Soldatenlust.

Soldat geht stolz im Waffenkleid;
Die ganze Welt ist sein!
Sein überall die schönste Maid
Vom Niemen bis zum Rhein!

Wie schauen all die Mägdelein
Ihn so verwundert an!
Und Manche sagt wohl hinterdrein:
„Das war ein schöner Mann!"

Da streicht er sich den krausen Bart,
Und singt ein Hopsasa;
Und trillert nach Soldatenart
Ein lust'ges Tralala.

Soldat geht stolz im Waffenkleid;
Die ganze Welt ist sein!
Sein überall die schönste Maid
Vom Niemen bis zum Rhein!

3.

Zum Ball.

Will zum Ball heut' Abend gehen,
Tanzen, froh und lustig sein;
Den Soldaten werd' ich sehen,
Der mich grüßte aus den Reihn.
    Bald ist die Stunde, trala, trala!
    Bald ist die Stunde zum Tanze da!

Was doch die Soldaten putzen!
Machen's ärger noch, als wir!
Wie sie sich die Haare stutzen!
Wie so weiß ihr Bandelier!

Will zum Kranz mir Blumen pflücken,
Voller Glanz und Lieblichkeit;
Mich auf's Allerbeste schmücken
Mit dem neuen Sonntagskleid;

Und die Perlenkette tragen
Und die Schleife, bunt und neu:
Daß nicht die Soldaten sagen,
Daß ich schlecht gekleidet sei.
    Bald ist die Stunde, trala, trala!
    Bald ist die Stunde zum Tanze da!

4.

Der Tanz.

In der Halle, welch Gedränge!
Holde Mädchen, kühne Männer!
Von den Männern Er der König,
Sie die Königin der Mädchen.
Wie er ordnet, winket, reihet,
Der galante Kriegersmann!
Stolz nun steht sie ihm zur Seite,
Und die Geigen heben an.

    In dem Glanze
    Heller Lichter
    Leicht im Tanze
    Schwingen, schweben,
    Beugen, heben,
    Krieger sonnig,
    Liebste wonnig,
    Dicht und dichter,
    Brust an Brust;
    Fröhlich rauschen,
    Grüße tauschen,
    Oft mit Blicken
    Heimlich nicken,
    Frischer Jugend,
    Minn'ger Tugend
    Hold sich neigen
    In dem Reigen:
    Welche Lust!

Ausruhend ziehn umher die Paare:
Der Busen wallt; die Wange glüht.
Wie da in voller Kraft der Jahre
Mairosenfrisch das Leben blüht!
In langen Reihn steht bunte Pracht;
Tauscht leichte Worte, süß gedacht.
Es hüpfen die Füße auf und nieder,
Und neues Vergnügen erklingt schon wieder.

    Zum Tanze geschwind,
    Wie der wirbelnde Wind,
    Der den Lenz durchbraust!
    Und die Blumen zumal
    In dem lustigen Saal,
    Wie von Sturm umsaust,
    Die Vergißmeinnicht
    Und die Rosen so licht
    Und die Lilien weiß!
    Kaum sieht man im Kreis
    Noch die schlanke Gestalt.
    Hin schwingt er sie fern,
    Wie die Sonne den Stern;
    Und der Töne Gewalt
    Reißt fort sie im Flug,
    Bis der Erdball wankt,
    Und das Weltall schwankt,
    Und die wogende Brust
    Vom Becher der Lust
    Trank Jubel genug.

Da löst sich der Tanz,
Verwirrter Glanz;
Und er führt zurück
Am Arm sein Glück,
Und reiht in den Kranz
Der Schönen die herrlichste Blume.

5.

Ständchen.

Wach' auf, o süßer Kummer,
Du meiner Kämpfe Ruh:
Wach' auf von Traum und Schlummer;
Wach' auf, Geliebte, du!

Entwaffnet steh' ich;
Thu auf das Thor:
Um Liebe fleh' ich;
O tritt hervor!

Wach' auf, o süßer Kummer,
Du meiner Kämpfe Ruh:
Wach' auf von Traum und Schlummer;
Wach' auf, Geliebte, du!

6.

Der Spaziergang.

Hinaus, hinaus
In den grünenden Wald,
Der mir um's Haus
Von Liedern schallt:
Wo Amsel und Drossel rufen so traut,
Und die Nachtigall flötet so lockend und laut;
Wo die Sonne verstohlen durch's Laubdach schaut,
Wie der Vogel verschwiegen das Nest sich baut.

Und mit heiterem Gemüth
Ging sie in die hohen Hallen,
Hier vom Grund ein Blümchen pflückend,
Dort nach muntern Vögeln blickend,
Mischend in der Nachtigallen
Vollen Chor ihr frohes Lied.

Herz, was schlägst du, Herz, was pochst du
Gar so schnell und freudig bang!
Durch den Wald, wer kommt gegangen!
Starke Schultern, breite Brust!
In dem Waffenrock so stolz!
Singend von Soldatenlust,
Daß es wiederhallt im Holz.
Welch Verlangen
Trieb ihn schon so früh hinaus?

Und hinter den blühenden Hecken,
Da will sie sich eilend verstecken.
Mit Lachen und Necken,
Wie trieb er so bald sie heraus!

Herz, was schlägst du, Herz, was pochst du
Gar so schnell und freudig bang!
Unter einem hohen Baume
Setzen sie sich selig nieder;
Vögel singen ihre Lieder,
Und sie horchen, wie im Traume.
Und er nimmt die rothen, blauen,
Und er nimmt die Blumen alle,
Stille, Bächlein; walle, walle!
Warum mußt so hell du schauen?
Liebste, willst mein eigen sein?
Auge sieht in's Aug' hinein;
Herz, am Herzen muß es schlagen,
Mund die Antwort küssend sagen.
Wald und Vögel, Bach und Sonne,
Seid verschwiegen unsrer Wonne.
An dem einsam trauten Ort
Flüstre nur der Liebe Wort.

7.

Des Mädchens Luft.

Wie bin ich nun selig!
Wie ist geschmückt mein Haus!
Der Freuden Schaar, unzählig,
Geht immer ein und aus.

Der junge Mai ist draußen,
Und wandelt rings im Land,
Mit Sonnenaugen tausend
Im duftenden Gewand.

Ich will mit der Nachtigall singen
Von Lieb', in der Nächte Ruh;
Mit der Lerche empor mich schwingen,
Und jubeln im Himmel: Ja, Du!

8.

Krieg.

Gestern Freude, heute Thränen!
O, wie grausam bist du, Welt!
Läßt die Liebe bang sich sehnen,
Einen Himmel offen wähnen,
Den der Haß verschlossen hält!

Bist du dunkler worden, Sonne,
Oder wein' ich nur so viel?
Ach! zum Abschied meiner Wonne
Leuchtest du, o Maiensonne;
Wind, so laß dein loses Spiel.

Nimm, o Theurer, zum Begleiter,
Diesen Kranz aus meiner Hand;
Frische Rosen wind' ich heiter
Dir um's Haupt. Nun braver Streiter,
Streite für dein Vaterland.

9.
Der Abschied.

Reich mir die Hände her zum Scheiden;
Gieb mir den letzten Kuß.
Wie schwer und bang ist mir geworden,
Da ich marschiren muß.

Die Thränen brennen dir im Auge,
Wie eine rothe Wund';
Mir ist, als ob ich weinen müßte
In dieser Abschiedsstund'.

Frisch auf! Was soll das Weinen heißen,
Du holde Kriegersbraut!
Wie wirst du jubeln nach dem Siege,
Wenn Ruhm und Lieb' uns traut!

O hör', wie laut die Trommeln wirbeln!
Noch einmal reich' die Hand!
In Gottes Namen laß mich ziehen!
Mich ruft das Vaterland.

10.
Der Heimweg.

So zog er nun zu Noth und Tod.
O Krieg, du Herzeleid!
Ihr blanken Waffen, trüg' ich euch
Für ihn im blut'gen Streit!

Sein treues Bild nur ließ er mir,
Vor Augen mir zu stehn.
Wie schaut er mich so freundlich an!
Sein Herz ist nicht zu sehn.

Die Freude zog mit ihm davon
Mit hellem Hörnerklang;
Die Sonne blickt ihm freundlich nach
Das traute Thal entlang.

Ich kehr' in's freudenleere Haus,
Verwundet in der Brust.
Horch, welch Hurrah! Trompetenschall!
Als ging's zu lauter Lust!

Marschlied.

Froh ziehn die Soldaten hinaus in die Welt,
Wenn der Ehre Gebot, wenn der Schlachtruf schallt;
Weit über's Gebirg, weit über das Feld,
Zu schirmen das Recht mit dem Arm der Gewalt.
Ihr jubelnder Ruf tönt fern und nah:
    Hurrah! Hurrah!
    Die Soldaten sind da!
    Hoch leben die braven Soldaten!

Froh ziehn die Soldaten in blitzenden Reihn
In die Städte: da drängt sich die Menge heran;
Da reicht man in Gläsern den funkelnden Wein;
Da preisen die Frau'n manch stattlichen Mann.
Und der jubelnde Ruf tönt fern und nah:
    Hurrah! Hurrah!
    Die Soldaten sind da!
    Hoch leben die braven Soldaten!

Froh ziehn die Soldaten zum Donner der Schlacht.
Da hagelt das Blei; da strömt das Blut:
Rings blüht das Feld voll purpurner Pracht;
Und der Kampf braust laut, und erfrischt den Muth.

Und der jubelnde Ruf tönt fern und nah:
  Hurrah! Hurrah!
  Die Sieger sind da!
  Hoch leben die braven Soldaten!

Froh ziehn die Soldaten zum heimischen Heerd;
Im Triumphe empfängt sie das Vaterland.
Da ruht in der Scheide das blitzende Schwert,
Und Freude schüttelt den Siegern die Hand.
Und der jubelnde Ruf tönt fern und nah:
  Hurrah! Hurrah!
  Die Sieger sind da!
  Hoch leben die braven Soldaten!

12.
Des Mädchens Sehnsucht.

  Und die Welt so köstlich,
  Und die Welt so schön!
  Und mein Herz so traurig!
  Muß alleine gehn.

  Auf die stillen Berge
  Treibt's mich, durch die Flur,
  Auf die alten Burgen,
  Durch die Waldnatur.

Ob er froh und wohl ist?
Ob verwundet, krank?
Nicht den Hügel wüßt' ich,
Wenn in's Grab er sank.

Wenn die blei'rne Kugel
Ihm die Brust durchschlägt,
Sind es zwei, die einsam
Man zu Grabe trägt.

Wahrlich! zu beneiden
Ist der Männer Loos:
Siegend heimzukehren
In der Liebe Schooß;

Oder leicht zu sterben
Schnellen Schlachtentod.
Unser sind die Thränen
Und die lange Noth.

Und die Welt so köstlich,
Und die Welt so schön!
Und mein Herz so traurig!
Muß alleine stehn.

Soldatenleben.

Wonn'ges Lieben; schwerstes Scheiden,
Wenn die Stund' am reichsten blüht;
Höchste Freude; Todesleiden,
Wenn die Jugend braust und glüht:

Heute sich im Reigen schwingen;
Morgen fort zum Schwertertanz:
Und ein heiß rastloses Ringen
Nach der Ehre Lorbeerkranz:

Für die Kameraden sterben,
Fallen für das Vaterland;
Auf den stolzen Feind Verderben
Schleudern mit der Siegerhand:

Auf der Hoffnung Nachen schweben,
Den der Schlachten Woge trägt:
Siehe! Das ist Kriegers Leben,
Das Fortuna's Hauch bewegt.

14.

Der Feind.

Seht, seht die Flammen
Dort schrecklich lohen,
Die rothen Zungen
Dem Himmel drohen!
Das ist der Feind,
    Der Feind!

Seht, seht die Greise
Gemordet liegen,
Die zarten Kinder
Todt in den Wiegen!
Das that der Feind,
    Der Feind!

Weh, weh der Schande
Ehrwürd'ger Frauen!
O holde Mädchen!
O Leid und Grauen!
Fluch, Fluch dem Feind,
    Dem Feind!

Hört, hört der Donner
Dumpf dröhnend Rollen!
Wild übertönt es
Die Jammervollen.
Uns ruft der Feind,
    Der Feind!

Auf! rächt die Theuren;
Rächt eure Todten:
Rächt ihre Wunden,
Die blutigrothen!
Auf! schlagt den Feind,
    Den Feind!

Rächt Lieb' und Ehre;
Rächt eure Habe!
Und bringet wieder
Die grimme Gabe
Zurück dem Feind,
    Dem Feind!

15.

Auf dem Posten.

Hell die Nacht. Hoch kommen im Bogen
Düstre Wolken herübergezogen,
Wechselnd beleuchtet von silbernem Strahl.
Dort, wo die schimmernden Zelte liegen,
Träumt das müde Heer von Siegen;
Schweigend lauschen die Posten in's Thal.
Zwischen die fliegenden Schleier geschwind
Drängt sich der Mond; schrill pfeift der Wind.

Heiter nun glänzen
Die weiten Himmel;
Sternengewimmel
Hängt rings in Kränzen.

Liebesgedanken
Durchziehn die Räume.
Sind es die Träume,
Die Sie umschwanken?

Suchend schleichen auf steigenden Pfaden
Feindespatrouillen, die Büchsen geladen;
Knisternd rauscht das verräth'rische Laub.
Wachtruf schallt gedämpft hinunter;
Schreitend halten die Posten sich munter:
Heimlich umlauert der Tod den Raub.
Zuckender Mond blickt manchmal schnell
Ueber ein spähendes Antlitz hell.

16.

Der Brief.

Auf meinen Knieen schreib' ich
Der Liebe Grüße dir:
Rauh sind des Krieges Züge;
Doch reden sie von mir.

Dein theures Angedenken
Ruht tief in meiner Brust:
Oft wacht es auf mit Schmerzen;
Du riefst mich, meine Lust.

Dies Blatt mit grauen Zeilen
Ist nur ein kalt Papier;
Doch heiße, laute Worte
Der Liebe sagt es dir.

Ich schreib' in Sturm und Wetter
Mit meiner Kugeln Blei:
Wann strahlst du, schönste Sonne,
Mir wieder wolkenfrei?

17.

Die Antwort.

Des Sommers Rosen sind verblühet;
Ich ließ sie welken ungepflückt.
Wem sollte ich die Blumen schenken,
Da du so ferne mir entrückt?

Wo ziehst du jetzt in fremden Landen?
Wo ruhst du müd' im Lagerzelt?
Vergebens suchen die Gedanken
Dich durch die ganze weite Welt.

Ich rief am Strom von Bergeshöhen
Laut deinen Namen in den Wind.
Oft las ich mir in enger Kammer
Beim Mondenlicht die Augen blind.

Zerrissen ist dein Brief vom Falten,
Grau und vergilbt, wie Lieb' und Lust.
Die theuren Worte kenn' ich alle;
O, lägst du selbst an meiner Brust!

18.

Das Bivouac.

Bei Gott! Kamerad, 'ne schaurige Nacht,
Die heute das Heer durchwacht!
Wie es regnet und stürmt! Wirf Holz in die Gluth,
Zu wärmen den frostigen Muth.

Komm her! leg' dichter dich an mich heran;
's ist wärmer so Mann an Mann.
Will mir verschlafen das Bischen Zeit
Vor den Thoren der Ewigkeit.

Schau! alle die Feuer da vor der Front,
Als brennte der Horizont;
Dort lagert der Feind, und ruht aus
Zum letzten entscheidenden Strauß.

Sieg trink' ich dir zu; da nimm! 's ist gut
Und rieselt, wie Feuer, durch's Blut.
Nun schlaf'; und träum', bis der Morgen graut,
Von der holden Soldatenbraut.

19.
Thränen.

Pflückt' eine Ros'
Zur Mittagsstund';
Hab' tief im Schooß
Ein Tröpschen g'fund':
Das deutet Thränen,
    Ja, Thränen.

Als ach! mein Lieb
Frühmorgens schied;
Allein ich blieb,
Wo's Bächlein zieht:
Da weint' ich Thränen,
    Ja, Thränen.

Wenn ich allein
Auf Bergeshöh'
Im Abendschein
Hinübersch',
Da wein' ich Thränen,
    Ja, Thränen.

Denk' ich an ihn
In dunkler Nacht,
Dann seh' ich ihn
In grimmer Schlacht;
Und meine Thränen,
 Ja, Thränen.

Und in der Ros'
Zur Mittagsstund
Hab' ich im Schooß
Ein Tröpfchen g'fund:
Das deutet Thränen,
 Ja, Thränen.

20.

Die Schlacht.

Hurrah! wie es wogt! Hurrah! wie es dröhnt!
Rings stürzen die Heere zum Kampf.
Wie dort die Trompete so lustig ertönt!
Wie's leuchtet im Pulverdampf!

Das wirbelt und tobt durch's ganze Land;
O Feldherr, habe du Acht!
Wenn der Führer gebeut, stürzt muthentbrannt
Der Soldat in die Schrecken der Schlacht.

Was kommt dort über die Ebene her?
Hell funkelt der Lanzenwald,
Und Fähnchen flattern die Kreuz und Quer,
Und muthiges Wiehern erschallt.

Das sind Uhlanen! wie's stäubt und saust!
Wie fliegt's am Boden so schwer!
Nun geht's im Galopp! Wie's donnert und braust!
Blank strahlt der winkende Speer.

Um's Carré mit tausend Augen schaut
Das regungslose Gewehr.
An sprengen die Rosse; dem Tapfersten graut:
Nun senkt sich zum Stoße der Speer.

Da blitzt das Wetter. Da regnet es Blut
In Strömen: es brandet das Meer;
Roth spritzen die Wogen. Zerschellt die Fluth.
Still wird's im Gefilde und leer.

Was jammert und stöhnt auf blutigem Feld?
Was wiehert so schrecklich bang?
Wie Manchen die bleierne Kugel gefällt,
Der eben die Lanze noch schwang!

Wer kommt da im Fluge herübergesprengt,
Und winkt und ruft dem Major?
Wie im Dorfe der Feind dort brennt und sengt!
Grell schlagen die Lohen empor.

Das sollen wir stürmen! der Schlachtruf schallt;
Laut krachen die Batterien.
Wie weht der Tod durch die Glieder so kalt!
Wie schwarz die Wolken da ziehn!

Wie ging die Kugel so dicht vorbei!
Jetzt hagelt das Wetter hervor.
Schon wieder da eine! der Teufel! das Blei,
Das pfeift ja grimmigen Chor!

Was zischt so und reißt die Glieder herab,
Und sauset und springt umher?
Das sind Kartätschen! Nun vorwärts! Trab!
Vorwärts mit gefälltem Gewehr!

Dumpf dröhnt der Boden. Wen rufst du, Grab?
Wem beutst du die bräutliche Hand?
Hoch fliegen die deutschen Fahnen am Stab.
Sieg! Sieg für das Vaterland!

21.

Nach der Schlacht.

Dumpf verhallen
Der Kanonen
Selt'ne Donner,
Und die Kämpfe
Schweigen langsam.
In des Himmels
Dunklen Hallen
Glänzen Heere
Gold'ner Sterne.
Matter Schimmer
Dringt hernieder.
Schlachtentrümmer
Liegen ringsum;
Blei und Eisen
Ruhen friedlich
Bei einander
Im Gefilde.
Dumpfes Wimmern
Tönet schaurig;
Und von Siegen
Freudetrunken
Jauchzt das Heer.

22.

Des Mädchens Klage.

Zwölf Monden sind vergangen,
Da schied er frisch, gesund.
Ach, meine Klagen dehnen
Zur Ewigkeit die Stund'!

Wie thun vom vielen Weinen
Die Augen mir so weh!
Wie lange soll ich warten,
Bis ich ihn wiederseh'?

Da hört' ich neulich reden
Von einer großen Schlacht.
Mein Herz, es wollte brechen,
Als ich an ihn gedacht.

Ob du im Kampf gefallen?
Ob Sieg du froh errangst?
Will, Liebster, für dich beten;
Ich schweb' in Furcht und Angst.

———————

23

Die Erwartung.

Vorüber ist der Krieg,
Und Sieg
Tragen auf blankem Gewehre
Heim die Heere.

Wenn laut Triumphgesang
Erklang,
Meint' ich in jubelnden Chören
Ihn zu hören.

Will flechten Immergrün
Für ihn,
Jauchzen in rosigem Kleide
Nach dem Leide.

Bald wird der schönste Held,
Mein Held,
Wieder, o Wonneverlangen!
Mich umfangen.

———————

24.

Wiederſehn.

Singet, o Vöglein, jubelnde Lieder!
Jauchze, o Nachtigall, Triller der Luſt!
Ihn, den Geliebten, ihn hab' ich wieder;
Freude will faſt mir zerſprengen die Bruſt.

Glänzender ſtrahlt die goldene Sonne;
Duftender blühn die Blumen des Mai's.
Herz, wie pochſt du in Himmelswonne!
Herrlich nun ſchücken ihn Ruhm und Preis.

Siegreich bracht' er aus allen Gefechten
Mir die verdorrten Blumen zurück!
Schönere Roſen will ich ihm flechten;
Nimmer nun welke der Liebenden Glück!

Liebe ſoll meinen Sieger krönen,
Wie ein ewiger Lorbeerkranz;
Harfen und Flöten ſollen ertönen,
Wind' ich um's Haupt ihm der Roſen Glanz.

Singet, o Vöglein, jubelnde Lieder!
Jauchze, o Nachtigall, Triller der Luſt!
Meinen Geliebten habe ich wieder:
Selig ruh' ich an ſeiner Bruſt.

Bilder aus beiden Hemisphären.

Von

Theodor Kirchhoff.

Europa.

Schweizerbilder.

1.

Hört ihr's nicht,
Was der Berg dort spricht,
Der Berg im Gletschergeschmeide?
Vom Himmel kracht
Der Lawine Pracht
In's Thal, mit donnernder Freude.

Waldstrom rauscht,
Und der Thalgrund lauscht
Dem Gruße der leuchtenden Firnen.
So steigt mit mir
Auf die Berge hier,
Auf der Alpen blendende Stirnen!

2.

Nachts auf der Rigi=Staffel.

Ich lag im Schooß der Königin
Und träumte von Liebe und Wonne,
Mein Herz so hell, als glänzte klar
Darin die goldene Sonne.

Die Königin ist reich und groß,
Die schönste unter den Frauen,
Auf diesem weiten Erdenrund
Kann Niemand Schöneres schauen.

Sie sitzt auf hohem Felsenthron,
In hellgrün schimmerndem Kleide,
Ihr Haupt geschmückt mit Sonnenglanz
Und blitzendem Strahlengeschmeide.

Der blaue Himmel ist ihr Schloß,
Die Sonne die goldene Krone,
Und auf krystallenem Schemel ruht
Ihr Fuß am glänzenden Throne.

Die Welt liegt rings zu Füßen ihr,
Beglückt, im Staube zu liegen;
Ich, Glücklichster, darf ganz vertraut
An ihren Busen mich schmiegen.

3

Sturm auf der Tête Noire.

Die Sonne sank. Und düst'rer wird's,
Und mahnet an Gefahr.
Es hüllt sich in ihr Schreckgewand
Die finst're Tête Noire.

Sie wirft es auf der Berge Haupt,
Daß Thal und Felswand kracht;
Die Gletscher flammen ab und zu
Wie Fackeln durch die Nacht.

Und seht! der Alpen Herrscher naht
Auf schwarzem Wolkenroß,
Die zack'gen Feuer in der Faust,
Sein dräuend Wurfgeschoß.

Mit Sturmesodem donnert er
Das Thal aus sich'rer Ruh.
Die Berge rufen krachend laut
Ihm ein Willkommen zu.

Und tausend Geister springen auf
Aus jeder Felsenschlucht,
Und folgen jauchzend ihrem Herrn
Auf Sturmes-Wolkenflucht.

Geschwätz'ge Führer stehen stumm
Am niedern Thore jetzt;
Die blonden Kinder drängen sich
Zum Mutterschooß entsetzt.

Mit Flammenzungen schaut sie an
Der alte Bergesgeist,
Durch's Fenster blickt er wild und grell,
Wie er den Fels zerreißt;

Und ruft es durch das enge Thal,
Wie Schlachtendonner hallt —
Die Bergwand zittert, bebend hört's
Der sturmgepeitschte Wald:

„Ich bin's, der Wolkengipfel Herr,
Mit meiner Geisterschaar!
Zum Weißen Berge schreit' Ich jetzt
Hier durch die Tête Noire!"

4.

Der Gemmi Leichenfeier.

Der Gemmi ries'ge Felsenwand
Stand da mit fahlem Glimmer,
Ein Katafalk, von Gottes Hand
Erbaut beim Sterngeflimmer.

Gespenstisch stieg's bergab, bergan,
Wie blasse Traumgestalten;
Zu Menschenform sich dann und wann
Die scheuen Nebel ballten.

Dort, wo der Saumpfad, schlüpfrig=schmal,
Im Winkel scharf sich wendet,
Und steil die Felswand, gelblich=fahl,
In graus'ger Tiefe endet;

Ein Schreckensbild am Abhang steht,
Mit der Medusa Blicken.
Wer sorglos dran vorübergeht,
Dem wird's den Geist umstricken.

Seht! dort, mit Stab und Feuerrohr
Den Mann am Abhang klimmend,
Und höher, höher nun empor
Im Nebel halb verschwimmend:

Da steht es vor ihm starr und droht!
Er stürzt in grauf'ge Tiefe.
War's nicht, als ob ein Schrei der Noth
So bang um Hülfe riefe?

Und dort, ein Weib, des Jammers Bild,
Sie kniet am Abhang oben,
Das lose Haar im Winde wild,
Die Hände hoch gehoben;

Und blutig, tief am Felsen, liegt
Ihr Schweizerbub' zerschmettert,
Der, wo der Lämmergeier fliegt,
Im Nu den Grat erklettert.

So Bild auf Bild erschien und schwand,
Stets neue zu erwecken;
Im Nebel kaum erkennbar stand
Am Felsrand stumm der Schrecken.

Auf schneegekröntem Gipfel lag
Das Mondlicht, bleich und traurig,
Ein Grabtuch, das den Sarkophag
Bedeckte, ernst und schaurig.

Doch seht, hoch glänzet durch die Nacht,
Wie ein Juwel am Himmel,
Des Dalagletschers Silberpracht, —
Dort, unterm Sterngewimmel!

Ein Cherubsmantel scheint er licht
Am Firmament zu hängen;
Wie tausend Engelsköpfchen dicht
Die Wölkchen dran sich drängen.

Da kommt der Mond in vollem Glanz,
Im Silberstrahlenkleide,
Und heller brennt im Engleinkranz
Des Gletschers blank Geschmeide.

Die bleichen Schatten eilen fort;
Vom Felsen wehn die Schleier —
So halten Nachts die Geister dort
Der Gemmi Leichenfeier.

5

Auf der Furka.

Drei luft'ge Demokraten,
Die wandern hier, juchhe!
Die Taschen voll Gemsenbraten,
Auf ew'gem Eis und Schnee.

Die Führer, gerne gingen
Sie mit um blankes Geld;
Doch ohne sie, mit Singen,
Geht's durch die Alpenwelt.

Hinan die Firnenkronen,
Den Schweizerstab zur Hand!
Wir kommen von Südens Zonen,
Vom Louisianaland.

Wir standen an mächtigen Wogen
Am Vater der Flüsse dort;
Hier, näher dem Azurbogen,
Ist's heimisch selbst im Nord.

Nicht kümmern uns die Schrecken
Der Furka im Nebelkleid —
Ob unter Eisesdecken
Der Gletscher Wogen speit;

Ob auf den Felsenmauern
Sich die Lawine rührt;
Ob über Bergstromschauern
Kein Steg hinüberführt.

Du jüngster Sohn der Truppe,
Reich' her die Flasche! — Ho!
Das war 'ne kräft'ge Suppe,
Mein flotter Piccolo.

Der brave Wirth soll leben,
Der uns den Braten gab!
Bei diesem Feu'r der Reben
Nie grab' er sich sein Grab!

Hört ihr's von ferne rollen,
Wie Wettersturm im Mai?
Das war der Furka Grollen,
Der alten Bergesfei!

Doch lustig, Kameraden!
Die Hochalp schnell hinan!
Ob Ströme Schweißes baden
Die Stirnen, Mann für Mann.

Die schnellsten Bergmarschirer,
Das sind wir drei, hurrah!
Wir drei hier, ohne Führer —
Wir, von Amerika!

6.

Nachts im Riffelhaus.

Du kleiner Mann, im Goldhelm blank
Und silbernen Gewand.
Tritt näher, Du, und nimm den Trank,
Den Becher, voll zum Rand!

Und ihr, bescheid'ne Freunde ihr
Des ritterlichen Herrn,
Macht's euch bequem im Stübchen hier!
Ich seh' euch Alle gern!

Ihr kamt vom Monte Rosa her,
Mich zu besuchen heut'.
Das ist für mich gar große Ehr',
Die mich recht sehr erfreut!

Ich wanderte viel tausend Stund',
Weit über Meer und Land,
Hierher vom andern Erdenrund,
Von neuen Welttheils Strand.

Das fremde Land ist schön und reich,
Mit Städten zahllos drin;
Die Menschen dort sind frei und gleich,
Mit leicht bewegtem Sinn.

Es ragt das Hochgebirge groß
Wie diese Alpen auf,
Des Continentes Felsenschloß,
Mit tausend Gipfeln drauf;

Die stille See liegt fern im West,
Das Goldland, prächtig schön; —
Wie's da voll Glanz sich träumen läßt
Auf der Sierra Höh'n!

Im Süden der Orangen Gold,
Und Fluren, silberlicht;
Im Osten, wie der Donner rollt,
Der Niagara spricht;

Im Nord der Seen Wogenschwall,
Wie Meere, endlos weit:
Die hohen Wälder, ohne Zahl,
Je fünfzig Meilen breit;

Die Flüsse, tausend Stunden lang.
Doch Wälder, blaue Seen
Und Ströme ohne Lied und Sang
Und stumm die Silberhöh'n!

O, wolltet ihr hinüberziehn,
Man nähm' euch gastlich auf!
Die Seen blau, die Wälder grün
Sind all umsonst zu Kauf;

Die Flüsse auch, die Gipfel hell,
Man schenkte sie euch froh,
Von Ocean zu Oceans Well', —
Das ganze Land nur so!

Die kleinen Leutchen drängten nah
Aufhorchend sich heran,
Und flüsterten „Amerika!"
Und sahn mich lächelnd an.

Der Ritter nahm den hellen Trank,
Den Becher voll zum Rand,
Und lüftete den Goldhelm blank,
Mit zierlich weißer Hand.

Und er zuerst und Alle dann
Im Kreise tranken draus;
Es trank geschwind der letzte Mann
Den letzten Tropfen aus.

Und plötzlich war das Stübchen leer,
Sie waren all' entflohn; —
Sie schwebten über Land und Meer,
Gen West, gen Westen schon.

7.

Das Wetterhorn.

Das tiefe Thal lag ganz in Nacht;
Am Himmel Sterngefunkel;
Es schlief der Wald; das Wetterhorn
Stand silbern da im Dunkel.

Wie eine fremde, schön're Welt
Sah das Gebirg hernieder.
Durch meine volle Seele klang's
Wie hunderttausend Lieder.

Gondellied

(auf dem Lago di Como).

Klinge leise,
Klinge sacht,
Kleine Weise
Durch die Nacht!

Horch! es rauschet
Well' am Kahn.
Liebchen lauschet
Vom Altan.

Luna schleiert
Sanft den Blick.
Alles feiert —
Komm', mein Glück!

Klinge leise,
Klinge sacht,
Kleine Weise
Durch die Nacht!

Edinburgh

im Sommer 1862.

Sei mir gegrüßt, du Perle an Schottlands Meeresstrand!
Du „Napoli des Nordens" mit vollem Recht genannt.
Es ist, als ob die Träume von Südens Anmuth mir
Als Wirklichkeit sich zeigten, so herrlich ist es hier.

Vom hohen Schloßberg schweifet hinaus der freie Blick,
Und kehrt aus duft'ger Weite zum klaren Bild zurück;
Des Meeres Silber rahmet ein Prachtgemälde ein,
Gemalt mit warmen Farben im gold'nen Sonnenschein.

Es drängt sich Alt' und Neues. Wie fremd und seltsam
schaut
Die schmale Zeile drunten, romantisch hingebaut!
Mit himmelhohen Häusern, ein halb Jahrtausend alt;
Es spotten jene Mauern der Jahre Allgewalt.

Der Neuzeit schmucke Bauten erheben leicht und kühn
Wie freundliche Gedanken sich aus der Gärten Grün;
Es braust auf luft'gem Bogen hoch über's breite Thal
Ein dampfbeschwingter Renner mit lautem Donnerhall.

Auf sonn'gem Platze stehet das stolze Monument
Von Walter Scott; die Felsen dort Arthur's Sitz man
nennt,

Von wo der greise König geschaut zum Wogenplan,
Als auf der gold'nen Harfe gespielet Ossian.

Hier Nelson's Thurm; und drüben der spiegelblanke Fjord,
Von Stirlings Schloß sich dehnend weit, weit gen Ost
und Nord,
Sein Dach der blaue Himmel; die Landschaft schmuck
und reich,
Und alle Farbentöne so schmelzend, warm und weich.

Aus grauer Vorzeit Tagen bis in die neue Zeit
Umschweben große Geister dies Land voll Lieblichkeit;
Bald riesige Gestalten von Recken, stolz und kühn,
Bald Barden aus dem Hochland mit gold'nen Melodien.

Nur ein verlor'ner Schatten zieht vor die Sonne hin;
Hier stand sie oft, Maria, die ärmste Königin.
Fort, fort, du Bild voll Schrecken! nicht rief ich dich
herbei.
So heiter strahlt die Sonne; die Welt ist ewig neu!

Kein trauriger Gedanke soll störend nahe sein,
Wo gold'ne Lieder tönen aus jedem Fels und Stein.
Dein Bild, du Schottlands Zierde, mit Friedens Anmuth
sei's
Mir tief in's Herz gezeichnet, — du selbst, der Schönheit
Preis!

Amerika.

—⚡—

Die Prärie.

Im West vom großen Texasland,
    dort dehnt sich, ein schwellender Plan,
Vom Rio Grande zum rothen Fluß
    der Savannen Ocean;
Gewaltiger Bisons Weidenrevier,
    der wie Sturm hindonnernden Heerden.
Der rothe Mann und der „Ranger" frei
    sie kämpfen und jagen auf windschnell rennenden
                         Pferden.

Die Prärie liegt im Sonnenstrahl,
    mit schimmernden Blumen bedeckt,
Ein reicher Teppich, der glänzend
    sich endlos rings erstreckt.
Im Winde wogt das schlanke Gras,
    wie in dem Oceane
Die langgedehnten Wellen ziehn
    auf ungeheurem, unbegrenztem Plane.

Die Sonne sinkt am Horizont,
　　ein feuriges Meteor;
Am dunkelnden Himmel steigen
　　die goldenen Sterne empor.
Die Grillen zirpen und singen,
　　und hüpfen durch's Gras mit Geschwirre;
Millionen Käfer erfüllen
　　wie tanzende Funken die Luft in lichtem Gewirre.

Da plötzlich verstummt das Lärmen.
　　Horch! — fremder Männertritt!
Es naht der Jäger bunte Schaar;
　　sie ruht vom ermüdenden Ritt.
Die Pferde läßt man im weiten Kreis
　　an langen Stricken grasen,
Indeß die Reiter im innern Ring
　　bequem sich lagern auf weichen, elastischen Rasen.

Sie durchkreuzten die Savannen,
　　fernher, vom Nueces Strand,
Um Büffelochsen zu jagen
　　in der Comanches Land:
Drum sind sie wohlgerüstet
　　mit Revolvern und Doppelflinten,
Und haben Wächter ausgestellt,
　　sich zu schützen vor Indianer = Schlichen und
　　　　　　　　　　　　　　=Finten.

Die Einen machen mit Buffalodung
    und Gräsern ein Feuer an,
Und Andere rösten mit Geschick
    viel saftiges Rehfleisch dran.
Auf wollene Decken hingestreckt,
    zur Hand die befreundete Büchse,
So lagert romantisch die bunte Schaar;
    aus der Ferne erschallt das Kläffen hungriger
                  Füchse.

Wohl mancher der bärtigen Männer spricht
    von Panther= und Bärenjagd;
Wie im Indianergefechte
    die Kentucky=Büchse gekracht;
Und wie die braven Texaner
    die Creeks und Apaches scalpiren,
Und die „Rangers" am Rio Grande
    mit Mexico's wilden Guerilla's Kriege führen.

Die Jüngern lauschen begierig,
    und blicken hinaus in die Nacht,
Und wähnen flüchtige Formen
    zu sehn, und Gestalten der Schlacht.
Mit südlichem Glanze schaun herab
    vom tiefen Himmel die Sterne;
Wie ein blendendes, weißes Band erstreckt
    sich der milchige Weg dahin durch die ewige
                  Ferne.

Die Feuer knistern leiser;
    es stirbt allmählig die Gluth.
Die Männer schlafen, und träumen
    von Jagd, von Kampf, von Blut;
Von der Hütte am Coloradostrom,
    wo im Walde die Wellen schäumen:
Am Ufer steht in bekanntem Kleid
    eine leichte Gestalt unter mächtigen Hickori=
            bäumen.

Die Kinder spielen am nahen Strand,
    sich tummelnd auf feuchter Bahn;
Die Mutter winkt mit besorgtem Blick,
    wenn dem Wasser zu sehr sie nah'n.
Vom Felde, von gelben Kolben voll,
    kehrt heim der ächzende Wagen,
Und singende Neger folgen ihm,
    die mit schweren Peitschen die trägen Stiere
            schlagen.

So träumen die müden Schläfer.
    Die unendliche Prärie ist stumm.
Vom Mahl gesättigt liegen
    die Pferde im Gras ringsum.
Da färbt sich der westliche Himmelsrand
    mit blutigem Purpurschimmer;
Das ferne Gewölk wird goldumkränzt,
    Und glänzt lebendig, wie farbiger Nordlichts=
            flimmer.

Ein dunkler, unbestimmter Ton
    zieht leise dahin durch die Nacht.
Die Pferde horchen und schnauben,
    und mancher der Männer erwacht.
Sie reiben die trüben Augen klar,
    und spähen hinaus in die Weite,
Und sehen fragend einander an,
    was wohl das bange, unheimliche Tönen be=
                    deute?

Da wieder seufzt die stille Luft
    und erzittert wunderbar.
Die Rosse wiehern und stampfen,
    als naht' aus der Ferne Gefahr.
Die Röthe wird heller und heller;
    die Luft wird heiß und beklommen.
Das fremde Getöse nähert sich rasch —
    wie wenn beim Gewitter die rollenden Donner
                    kommen.

Die Jäger springen vom Lager auf
    und satteln die Pferde schnell.
Es dröhnt der Boden dumpf und schwer.
    Die Nacht wird tageshell.
„Die Prärie, die Prärie in Feuer!"
    ruft Alles mit jähem Schrecken;
Als käme die Hölle selber,
    die weite Welt mit vernichtender Gluth zu be=
                    decken.

Sie werfen sich auf die Pferde;
 fort geht es im wilden Saus.
Im Rücken, da wird's lebendig,
 und naht sich mit Braus und Graus.
Vorüber jagen die Rehe,
 wie flüchtige Geisterphantome,
Zu enteilen den züngelnden Flammen,
 zum hundert Meilen entfernten Brazosstrome.

Fort galoppiren die Rosse;
 es fliegen die Meilen zurück!
Doch die sengende Woge kommt näher
 und fesselt mit Graun den Blick.
Sie dehnt sich zum fernsten Horizont,
 in unabsehbarer Länge,
Und röthliche Wolken thronen darauf;
 hoch wälzt sich heran das schauervolle Gepränge.

Unzählige Thiere, in Todesangst,
 fliehn tobend im Sturmeslauf.
Es störte das feurige Element
 vom Fraß den Coyote auf;
Rasch sprengen die wilden Mustangs vorbei,
 mit flatternden Mähnen und Schweifen;
Wie die fleckigen Präriehühner
 mit lautem Geschrei durch die Lüfte schwirren
        und pfeifen!

Jetzt Füchse und Antilopen,
    und Wölfe, mit sträubendem Haar,
Gefolgt mit donnerndem Tosen
    von zottiger Büffelschaar.
Von tausend spitzigen Hörnern starrt
    die drohende, brüllende Menge;
Und die Erde bebt und zittert
    von tausend stampfenden Hufen im dichten Ge-
                 dränge.

Die Rosse jagen schaumbedeckt;
    und rings im bunten Gemisch
Der entsetzten Thiere toll Gewirr,
    und hinten der Flammen Gezisch.
So stürzt durch die Nacht die wilde Jagd,
    beschaut von den stillen Sternen:
Bis im Osten der Sonne Aug' erwacht,
    und ihr rosiger Finger malt die dämmernden
                 Fernen.

Und wie die feurige Kugel steigt
    am Himmelsgewölb' empor,
Da dringt aus jubelnden Kehlen
    ein gewaltiges Hussa hervor,
Unter goldenen Wolken dehnt sich's aus,
    wie mit dunkelfarbigem Bande:
Die Fichtenwälder sind es, — fern,
    am kühlen, dichtbewaldeten Brazosstrande.

In die blutigen Flanken gräbt sich ein
    der Sporn mit klingender Schell';
Doch wachsend rollt im Rücken
    die prasselnd flammende Well'.
Die Pferde wittern den nahen Fluß
    und des Waldes bergenden Schatten;
Sie spannen noch einmal verzweifelt
    die letzten Kräfte an, die todesmatten.

Da nehmen die grünen Hallen
    die erschöpften Schaaren auf;
Sie brechen durch Busch und Gesträppe
    zum Strom im rasenden Lauf.
Die schäumenden Wogen brausen,
    erfüllt vom zahllosen Heere;
Jäh stürzen Roß und Reiter hinein,
    zum andern Ufer ringend im wimmelnden Meere.

Die rothen Zungen lecken
    hinauf am morschen Stamm;
Es droht zum Strome nieder
    der Flammen glühender Kamm.
Doch ihren Grimm verhöhnen
    die heller wallenden Fluthen,
Und zähmen mit feuchtem Umarmen
    des friedlichen Elementes zürnende Gluthen.

Heiß ruhn der Sonne Strahlen
    auf schwarzverkohltem Gefild,
Und Alles rings ist öde,
    ist schaurig, stumm und wild.
So kömmt mit leuchtenden Schwingen
    Der Präriekönig gezogen,
Und rollt mit versengendem Hauche
    durch sein endlos Gebiet die rauchenden Feuer-
                    wogen.

Der Urwald.

Von den düsteren Morästen
Längs dem tückischen Yazoo,
Wo sich an Cypressenästen
Wiegt das Cherokee-Canoe, —
Bis zum Mississippistrande,
Wo sich waldbedeckte Lande
Wie ein endlos hoher Wall
Spiegeln schwarz im Fluthenschwall:

Dort erstreckt sich hundert Meilen
Modervoll ein Riesensumpf.
Mammuthsbäume, noch von Beilen
Nie entweiht, stehn dicht und dumpf.
Träge Schlammgewässer fließen
Durch das Sumpfland; breit aufsprießen
Gelbe Blumen. Weit herum
Liegt der Urwald, kühl und stumm.

Durch der Waldcyklopen Gipfel
Dringt der Mittagssonne Gluth;
Schweigsam stehn die hohen Wipfel
Und die Thierwelt schläft und ruht.
An den knorr'gen Aesten schwanken
Dichtverschlung'ne Epheuranken,
Ungeheuren Schlangen gleich
Aus der Vorwelt Fabelreich.

Von den Zweigen hängt herunter
Langes Moos, wie zott'ges Haar,
Und auf grünem Rasen drunter
Spielt die muntre Eichhornschaar.
Plötzlich jagen All' im Sprunge
Hoch hinan mit leichtem Schwunge,
Von entferntem Knall erschreckt,
Der des Waldes Echo weckt.

Bebend scholl es nach vom Falle,
Wie mit knatterndem Gekrach
Durch des dichten Forstes Halle
Morsch der Eichbaum niederbrach.
Von Jahrhunderten zertrümmert
Sank er nieder.   Waldgrund wimmert,
Zittert fernehin und dröhnt,
Dampft vom Riesenfall und stöhnt.

Alles ringsum wird lebendig,
Flüchtig raschelt's hie und da.
Giftgefüllt, polypenhändig,
Regt sich die Tarantala.
Buntgefleckte Schlangen zischen
Unter rothen Sumachbüschen;
Durch die Blätter, breit und blank,
Schlüpft die Eidechs', grün und schlank.

Scorpione, hundertbeinig,
Laufen auf gestürztem Stamm.
Braune Schuppen, glatt und scheinig,
Regen sich im nassen Schlamm;
Seinen Rachen, weit, gewaltig,
Voll von Zähnen, haigestaltig,
Streckt der Alligator dort
Schnell hervor nach Raub und Mord.

Hoch im kühlen Tulpenbaume
Hat's den Waschbär aufgeweckt;
Müde schlief er tief im Traume,
Bis der Lärm ihn aufgeschreckt.
Gift'ge Mückenschwärme summen,
Plumpe Bären murr'n und brummen,
Und des Panthers wildes Schrei'n
Schallt wie Angstruf zwischendrein.

Wie verfolgt von raschen Rüden
Jagt der Bock durch's Forstrevier.
Von den Cedernpyramiden
Tönt der Kolibri Geschwirr.
Aus den Zweigen schallt unzählig
Pfeifen, Krächzen, tausendkehlig, —
Daß der ungeheure Wald
Laut vom Aufruhr wiederhallt.

Nach und nach verstummt das Lärmen.
Still und einsam wird's ringsum;
Nur noch die Mosquitos schwärmen
An der Bayou mit Gesumm.
An des Hickory harter Rinde
Klettern leise und geschwinde
Niederwärts mit tollem Sprung
Eichhornschaaren, Alt und Jung.

Gold'ne Sonnenstrahlen kosen
Mit des Walddachs grünem Laub;
Schamerglühende Mimosen
Streuen aus den Blüthenstaub;
Der Magnolien Balsamdüfte
Zieh'n wie Wolluft durch die Lüfte; —
Alles schweigt. Es stört die Ruh
Nur der Spechtschlag ab und zu. —

Welche düstern Töne schleichen
Durch die Stille wundersam!
War's des Alligators Keuchen,
Das aus tiefem Sumpfe kam?
Stürzten in der Ferne wieder
Morsche Baumkolosse nieder?
War's des Donners dumpf Geroll,
Das verworren weither scholl?

Durch den Aether zieht's wie Grausen,
Und der Grund der Erde stöhnt;
Wie des Niagara Brausen
Meilenweit herüberdröhnt.
Welch ein schauerliches Wimmern!
Und des Tages Strahlen schimmern
Matter stets. Gespenstisch fahl
Wird die schwüle Luft zumal.

14

Kraftlos scheint die Sonn', und drunter,
Wie ein Weltvernichtungstraum,
Senkt's vom Himmel sich herunter
Auf des Waldes dunklen Saum —
Unheilschwer, entsetzentragend,
Schmerzensschwanger, todesklagend;
Wie beim ewigen Gericht
Weltenfluch das Schicksal spricht.

Näher kommt das stäte Rollen;
Finster wird's, wie Grabesnacht,
Bei dem langen, schreckensvollen
Donnern jedes Thier erwacht; —
Eilt in tiefverborg'ne Klüfte,
Kriecht in tiefverwachf'ne Grüfte,
Sucht mit angstgejagtem Lauf
Schnell Versteck und Höhlen auf.

Plötzlich regen sich die Gipfel
Ries'ger Bäume wie zum Tanz,
Und die dichtbelaubten Wipfel
Drehen sich im Wirbelkranz.
Wie ein Donnerkeil von oben
Stürzt sich des Orkanes Toben,
Jäh, mit schmetternder Gewalt
Nieder auf den weiten Wald.

Hundert rothe Blitze sprühen
Durch die Lüfte auf einmal —
Leuchten, zischen, zucken, glühen,
Wie durchwühlt von Höllenqual
Scheint die Erde selbst zu wanken.
Hundertjähr'ge Bäume schwanken,
Zittern leicht, wie Espenlaub,
Dicht umhüllt von schwarzem Staub.

Grimmer packt mit Riesenarmen
Prasselnd sie der Hurrikan,
Ohne Mitleid und Erbarmen
Bricht er seine breite Bahn.
Stämme, tief im Grund verbissen,
Werden krachend fortgerissen,
Sausen mit gewalt'ger Wucht
Durch des Sturms Gigantenflucht.

Wie ein Feld von dürren Halmen
Wirbelt er sie hoch empor,
Sie im Sturze zu zermalmen,
Wie zerstampftes Zuckerrohr.
Unter tausend Wetterschlägen
Gießt herunter Sündfluthsregen.
Wie aus flammendem Vulcan
Schießen Blitze himmelan.

Wehe! wer, die Büchse richtend,
Einsam folgt des Panthers Spur,
Wenn der Hurrikan vernichtend
Wüthet durch die Waldnatur.
Leichter wäre ihm zu Muthe,
Wenn, bedeckt vom eignen Blute,
Er im Einzelkampfe gar
Ränge mit dem Jaguar.

Schau! wer hatt' in Forstes Mitte
Kühn der Wildniß sich vertraut?
Mit der Axt allein die Hütte
Tief im Dickicht sich gebaut?
Seine Heimstätt' wollt' er gründen,
Wo nicht Menschenspur zu finden,
König sein mit Büchs' und Blei
In des Urwalds Wüstenei.

Doch das Blockhaus ist vernichtet.
Bleiche Lippen! — starre Händ'! —
Trümmer, grausig aufgeschichtet,
Sind des Bravsten Monument.
Königsscepter liegt zerbrochen;
Und der Panther kommt gekrochen,
Wo der wack're Pionier
Kühn geherrscht im Waldrevier.

Sturm und Aufruhr schweigt allmählig;
Fern, gen West, die Donner ziehn.
Auf der Schreckensbahn unzählig
Fliegen Büsch' und Zweige hin.
Dumpfer, schwächer wird das Grollen;
Und im wilden Luftstrom rollen
Hinterdrein die Wolken schwer,
Wie ein Nachtdämonenheer.

Sonnenstrahl blickt freundlich wieder
Auf den stillen Wald herab,
Schaut aus klarem Aether nieder
Auf ein ungeheures Grab.
Leise streuen warme Lüfte
Blumenhauch und Blüthendüfte
Hin auf des Verderbers Bahn.
Und es schweigt der Hurrikan.

Sagte jüngst ein werther Freund mir.

1869.

Sagte jüngst ein werther Freund mir,
Als wir sprachen von Poeten,
Und ich grad' die frischen Lieder
Des Mirza Schaffy ihm zeigte:
„Ist doch solches Versedichten
Wenig praktisch, und gewiß auch
Geld damit nicht zu verdienen!" —
Leise legt' ich an die Seite
Jene ewig jungen Lieder,
Und begann schnell von Geschäften
Wichtig allerlei zu reden.
Hab' auch meinem werthen Freunde
Nicht gesagt, daß ich mitunter
Heimlich spiel' auf gold'ner Harfe.

Las in einem deutschen Buche.

1869.

Las in einem deutschen Buche
Eines Abends jüngst alleine,
Ohne Sonderlichs zu denken,
Eben nur zum Zeitvertreibe.
War von Blumen drin die Rede,
Eines Gärtners Lust und Freude:
Crocus, Primel und Schneeglöckchen.
Ach! die alten lieben Namen
Haben plötzlich wach gerufen
Tausend schlummernde Gedanken! —

Fröhlich geh' als Knab' ich wieder
Durch des Vaters schönen Garten.
Frühling ist es: junge Gräser
Sprossen auf den Rasenplätzen;
Knospen schwellen an den Büschen,
Und es zwitschern laut die Schwalben,
Und die Sonne glänzet golden.
Wo das Immergrün im Schatten
Wächst an hoher Gartenplanke,
Welche, weißgetüncht, den Garten
Freundlich ringsum einrahmt; such' ich
Nach den zarten Silberglöckchen,

Und die Crocusse und Primeln
Find' ich an dem Rand der Beete;
Pflücke mir ein volles Sträuschen
Von den ersten Frühlingsblumen,
Steck' auch Immergrün dazwischen,
Zartes Moos und feine Halme.
Dann mit frohen Schritten eil' ich
Durch die breiten, saubern Stiege,
Zwischen frisch geharkten Beeten
Und vorbei am Rasenplatze,
Wo der alte Apfelbaum steht,
Nach dem väterlichen Hause,
Das mit hohem Doppeldache,
Mit dem Giebel und den Erkern,
Zwischen mächt'gen Linden aufragt.
Durch die off'ne Thüre tret' ich;
Geh' entlang die Eingangshalle
Auf den glatten Fliesenquadern, —
Bei der Treppe durch die Glasthür
Welche dort die Hausflur scheidet, —
Durch die weite Vorderdiele,
Wo der Mutter Linnenlade
Mit den blanken Messingknöpfen
Und der riesengroße Schrank steht,
Und die alte Wanduhr fleißig
Ticket und den schweren gelben
Pendel hin und wieder schaukelt.
Leise öffne ich die Thüre

Von des Vaters Arbeitsstube.
Sieh! da sitzt er, emsig schreibend
An dem großen breiten Tische,
Rings umgeben von Packeten,
Folianten, Acten, Schriften.
Stille steh ich eine Weile,
Denn es hat der fleiß'ge Vater
Nicht bemerkt mein sachtes Kommen, —
Schau' mit Ehrfurcht an die vielen
Dicken Bücher, dichtgereihet
In den Schränken; dann die Blumen
In den Töpfen auf den runden
Vielgestockten Blumenborden
Und dem Fenstersims betracht' ich —
Hyazinthen, Rosen, Nelken,
Fuchsien, Tulpen und Jasminen,
Und den hohen Rhododendron,
Dran die dunkelrothen Blumen
Wie Karfunkeln strahlend glühen,
Und in seinem großen Topf den
Pomeranzenbaum bewundr' ich;
An den Wänden in den schönen
Gold'nen Rahmen drauf beschau' ich
Michael, den prächt'gen Engel
Mit dem langen scharfen Schwerte,
Der den Drachen festgekettet,
Auf das Haupt den Fuß ihm setzend
Siegreich dasteht; und den Abel

Hingestrecket auf der Erde,
Neben ihm, mit tiefem Jammer,
Adam und die Mutter Eva — —
Leise nun zum Schreibtisch tret' ich,
Zupf' den Vater an dem Rockschooß,
Reich' ihm hin mein Blumensträuschen.
Hastig legt er fort die Feder,
Streichelt gütig mir die Locken,
Nimmt die Blumen, freundlich lächelnd,
Küßt des Knaben ros'ge Wangen. —

Sehet! solche lichte Träume
Haben plötzlich hergezaubert
Jene lieben Blumennamen,
Crocus, Primel und Schneeglöckchen,
In dem alten deutschen Buche, —
Drin ich Abends jüngst alleine,
Ohne Sonderlichs zu denken,
Eben so zum Zeitvertreibe
Las im fernen San Francisco.

December in San Francisco.

1869.

In der Goldstadt San Francisco
Sind die Sommer staubig, windig;
Doch den Herbst und Winter find' ich
Gar so schön in San Francisco.

Im Kalender steht's geschrieben,
Daß die Weihnacht vor der Thüre;
Doch der Winter, ich verspüre,
Ist in anderm Land geblieben.

Wahrlich! reizende Offerten,
Wie ein lachender September,
Giebt zum Christfest der December —
Blumenpracht in allen Gärten:

Baut der Weltrotunda Bogen,
Daß sich Jeder drob erfreue,
Aus der reinsten Aetherbläue
Ueber Stadt und Meereswogen.

Auf und ab die neuen Straßen
Gehn die feinen Herrn spazieren:
Schöne Damen promeniren,
Ihre Reize sehn zu lassen:

Sonn'ge Augen, ros'ge Wangen;
Die Gewänder Sammt und Seide.
Wie es blinkt, das Quarzgeschmeide,
Die Juwelen schimmern, prangen!

Giebt's mitunter Regentage,
Bleibet man daheim ein Weilchen,
Dichtet so ein sonn'ges Zeilchen
In der angenehmsten Lage:

Traulich im Kamine glühen
Dann die schwarzen Diamanten;
Leichter kommen die charmanten
Reime, wenn die Funken sprühen.

Freilich ja, in San Francisco
Sind die Sommer staubig, windig;
Doch den Herbst und Winter find' ich
Gar so schön in San Francisco!

Prolog zur Feier der Sonntagsfreiheit. *)

Es zog ein Frühlingszauber jüngst
    so wonnig durch dies gold'ne Land,
Von der Sierra Silberhöh'n
    bis zu des Stillen Meeres Strand.
Der Aether war voll Sonnenglanz
    und lieblich=reichem Blüthenduft;
Vom Himmel klang es wie Musik,
    wie Lieder leise durch die Luft.
Das war die deutsche Muse, hört's!
    die von der lieben Heimath kam,
Von dorther Blumen und Musik
    zu unsrer Freude mit sich nahm.

*) Gesprochen von Ernst Niemeier bei der Eröffnung der deutschen Bühne im „California Theater" in San Francisco, am 20. Febr. 1870.

Ein altes californisches Gesetz verbot am Sonntag „Stiergefechte, Hahnenkämpfe, Theater und andere barbarische Vergnügungen". Im Frühjahr 1870 wurde dieses Gesetz, nachdem die deutschen Bürger Californiens jahrelang bei den Gerichten des Landes dagegen angekämpft, von der californischen Legislatur für ungültig erklärt, und am 20. Februar desselben Jahres fand die erste freie Sonntagsvorstellung auf der deutschen Bühne in San Francisco statt.

Im Festgewande kommt sie heut',
    nicht schüchtern, wie ein Fremdling naht,
Und tritt in diesen Tempel frei,
    den Shakespeare's Wort geheiligt hat.
Wenn sonst mit ängstlich leisem Schritt
    die deutsche Muse über Nacht
Uns von der Heimath deutsche Kunst
    und Grüße, tausende gebracht, —
Wir waren froh, wie Kinder sind;
    und wenn sie traurig wieder schied,
Da hieß es bang: Auf Wiedersehn!
    doch heut' ist's ganz ein Freudenlied! —
Ein stolzer Tag! — Ihr strittet lang,
    und ruhmvoll war der Kampf, fürwahr!
Die Frömmler suchten diese Freud'
    euch zu verkümmern Jahr auf Jahr.
Ob oft besiegt, mit frischem Muth
    begannt ihr stets den harten Strauß;
Als Sieger endlich zogt ihr ein
    in dieses festlich schöne Haus!
Laßt jene singen Psalmodien!
    wir wollen am lebend'gen Wort,
Am Geistesflug der Dichter uns
    erbau'n am kunstgeweihten Ort.
Ein heiliges Vermächtniß ist
    die deutsche Sprach' uns Allen ja!
Wir wollen gute Bürger sein,
    doch Deutsche in Amerika! —

Wie herrlich dieses schöne Haus!
  man nennt's das prächtigste im West,
Wo durch das gold'ne Thor die Fluth
  die große Südsee rollen läßt;
Jetzt ein Asyl für deutsche Kunst,
  für deutsche Sprache: hebt die Hand!
Ein Hoch für California,
  ein Hoch dem deutschen Vaterland! —
Wir aber bitten Eure Gunst,
  wir, die im Dienst der Musen stehn,
Und hoffen stets in reicher Zier
  in diesen Hallen Euch zu sehn.
Die Kunst ist frei, von Ketten frei;
  in Eurer Hand liegt das Gedeihn.
Wir wollen pflegen deutsche Kunst;
  es soll uns Ernst, ihr Freunde, sein!

Im Hotelzug auf der Pacificbahn.

März 1870.

Wir spannten den eisernen Rappen vor,
Auf Flügeln des Dampfes zu jagen
Zweitausend Meilen vom gold'nen Thor
Zum Missouri, im glänzenden Wagen;
Hoch unter den Wolken, im donnernden Zug,
Durch endlose Wüsten, im sausenden Flug, —
In vier gemessenen Tagen.

Ade, du herrlich grünende Flur,
Ade, ihr Frühlingsgefilde!
Dich, Goldland, schmückte Mutter Natur
Zu paradiesischem Bilde!
Der Himmel, so tief, mit klarstem Blau,
Die Lüfte im Winter sommerlau,
Wie im Tropenlande so milde.

Hinan die Sierra in donnernder Fahrt!
Nun schnaube, du muthiger Renner! —
Ihr, die ihr in fremden Ländern war't,
Am Mont Cenis und am Brenner,
Ihr dachtet, dort gäb' es in Wolkenhöh'n
Im Dampfzug Wunderdinge zu seh'n; —
Jetzt staunet, wackere Männer!

Wir kreisen hinan, wie der Adler fliegt,
An schwindelnden Bergeshängen;
Unser Pfad über Brücken, thurmhoch, liegt,
Durch endlose Felsenengen;
Wir verspotten der mächt'gen Lawinen Gekrach
Unterm festen Vierzigmeilen=Dach,
Bei der eisernen Räder Klängen.

Wir tafeln im fliegenden Speisepalast,
Wie kein König jemals geträumet.
Es eilen die Meilen; die Gläser gefaßt
Und den seltenen Wunsch nicht versäumet:
Aus goldenem Füllhorn schöpfte uns dies
Das californische Paradies; —
„Ihm ein Hoch, da der Becher schäumet!"

In kreisende Weite schweift der Blick
Beim Festmahl auf Dampfesflügeln.
Die Wälder, die Gipfel bleiben zurück
Und werden zu Büschen und Hügeln.
Dort unten erglänzt es silberhell;
Der Donner=See ist's mit klarer Well',
D'rin riesige Wälder sich spiegeln.

Und kommt die Nacht, so kehren wir ein
In fliegende Schlafgemächer.
Was kümmert der Sturm uns! er brause drein
Und hag'le an Scheiben und Dächer!

15

Wir hören auf donnernder Fahrt ihn kaum,
Auf der Windsbraut Flügeln; beim süßen Traum
Verhallt er schwächer und schwächer.

So sausen wir über Wolkenhöh'n.
Drauf traurige Wüstenflächen
Und endlose Wildniß. Wie ist's so schön,
Im Waggon von der Wüste zu sprechen,
Von den Emigranten der alten Zeit,
Von Indianern und blutigem Streit, —
Im „Hotelzug" beim Schmausen und Zechen!

Frischauf, du Rappe, und spute dich schnell!
Zu des Salzsee's reichem Gelände,
Des landumschlossenen Meeres Well';
Zu Weber's Schluchten dich wende.
Zweitausend Meilen, — du kennst den Weg
Durch Echo Cañon's Felsensteg,
Und die thurmhoch rothen Wände!

Hinan der Felsengebirge Grat, —
Achttausend Fuß über dem Meere!
Hinunter auf tiefbeschneitem Pfad, —
Durch der Ebenen endlose Leere! —
Wir tragen ja des Jahrhunderts Geist,
Der auf Dampfesflügeln die Welt umkreist,
Mit uns vom Meere zum Meere!

Der neue Frühling.

(Im Süden. Mai 1870.)

Ich seh' des Südens liebe Fluren
Auf's Neu in Lenzes reichstem Kleid.
Des Bruderkrieges Schreckensspuren,
Die Thränen all, den Haß, das Leid,
Verwischet mehr und mehr die Zeit.

Wie nach gewaltigen Gewittern
An ferner Wolken dunklem Rand
Die letzten matten Blitze zittern,
So wetterleuchtet's nur im Land
Nach ungeheurem Kriegesbrand.

Doch seht! die letzten Wolken sinken,
Das ganze Firmament wird klar;
Die Flur und alle Wälder trinken
Der Sonne Glanz; ein stolzer Aar
Steigt auf zum Aether wunderbar.

Ich grüße dich, du neue Sonne,
In jenen heitern Himmelshöh'n!
Du strahlst der jungen Freiheit Wonne
Auf dieses große Land so schön;
Nie hab' ich gold'ner dich geseh'n!

Erwärmet euch am milden Scheine,
Ihr Herzen, die noch trüb und kalt!
Die sich entfremdeten vereine,
Daß Hand die Hand ergreife bald,
O neuer Lenz, mit Allgewalt!

Und schwebt herauf aus dunklen Tagen
Manch' düst'res Bild, verscheucht es schnell;
Vergeßt das Alte, laßt das Klagen!
Schöpft neues Leben, sonnenhell,
Aus neuen Frühlings heiterm Quell!

Ein Dilemma.

Clarksville, Texas — 1860. —

I.

Ich kenn' im sonn'gen Texasland
Zwei liebe, gute Mädchen,
Die als die schönsten allbekannt
In meiner Heimath Städtchen:

Die Eine voll und kerngesund,
An Liebreiz unerreichbar;
Ihr treues Aug', der Schelmenmund
An Zauber unvergleichbar.

Die And're schlank von Wuchs und zart, —
An Anmuth die Gazelle;
Voll heit'ren Sinns, nach Südlands=Art, —
'ne tändelnde Libelle.

Es haben, glaubt es! Aermsten mich
Verzaubert diese beide;
In steten Aengsten lebe ich,
Und doch in sel'ger Freude.

Es grenzt an die Unmöglichkeit,
Die richt'ge Wahl zu finden,
Denn mit sich selber liegt im Streit
Mein Herz aus süßen Gründen.

Sie scheint die schönste stets zu sein,
Der ich in's Antlitz blicke;
Und treff' ich beide im Verein,
Verwirr' ich mich im Glücke.

Die Mädchen wissen's beide gut,
Daß sie mich nutzlos quälen,
Wenn sie, wie man so plaudern thut,
Mir Mancherlei erzählen.

Denn oft vergess' ich ganz den Text,
Blick' ich in Jener Augen,
Als sei mein armer Kopf verhext
Und thät' zu gar nichts taugen.

Und stellt die Andre eine Frag',
So weiß ich nichts zu sagen
Und stottere ein thöricht Ach,
Als wollt' ich schier verzagen.

Ja, ja! die haben wohl gedacht:
Der weiß sich schlecht zu schicken!
Und innerlich dabei gelacht;
Ich sah's in ihren Blicken.

Wie lang das nun noch währen mag,
Der Himmel soll es wissen!
Hab' keine Ruhe, Tag auf Tag,
Mir schmeckt kein Trunk, kein Bissen.

O, käme ein Gedanke mir,
Der's noch zum Besten wendet
Und dies Dilemma endlich hier
Zur Freude zierlich endet!

Die Lampen glitzerten rings im Saal.
Die schönsten Mädchen im Städtchen zumal,
In flockigem Tüll und seidenem Glanz,
Sie waren versammelt zum Südlands-Tanz.

Es rühme Keiner die reizenden Frau'n,
Die in Nordens kalten Ländern zu schaun!
Die Mädchen von siebzehn Sommern hier
Sind wie Houris in Eden, in blendender Zier.

Die schlanken Gestalten in reicher Tracht,
Nicht ein Rubens hätte sie stolzer erdacht;
Nicht vermöchte Correggio's Pinsel, fürwahr!
Die Wangen und Stirnen zu malen so klar.

Und was ist der todten Farben Bild
Gegen lebende Schönheit, in Anmuth gehüllt!
Dies Feuer der Augen, im seid'nen Gewand
Der Wimpern, schuf nie eines Malers Hand.

Im Cotillon dreht sich der schimmernde Reihn.
Wie Libellen im goldenen Sonnenschein,
So wiegen sich jetzt die Mädchen froh
Auf zierlichen Füßen im Quiproquo.

Die Fächer, von schillernden Farben bunt,
Wie Schmetterlinge umflattern die Rund';
Es strahlen die Augen der Schönen vor Lust,
Und Entzücken schwellt die wogende Brust.

Zwei leichte Gestalten verfolgt mein Blick
Durch die glänzende Menge hin und zurück.
Die zwei sind die schönsten im Jungfraunkranz,
Die Königinnen im Südlands=Tanz!

III.

Nach zehn Jahren.

(1870.)

Zehn Jahre sind vergangen!
Mir ist's, als wie ein Traum.
Ich kehr' zurück und kenne,
Die mir so theuer, kaum.

Die Anmuth all verblichen,
Der Jugend Schmelz — dahin.
Ob ich, gereift an Jahren,
Auch noch derselbe bin?

Als ich sie beide elend
Gesehn, gebeugt von Gram,
War mir's, als ob man grausam
Mein Theuerstes mir nahm.

Ich küßte Beider Kinder
In ihrer Mütter Schooß,
Die sahn den fremden Mann an
Mit Augen, klar und groß.

Du kleiner süßer Engel,
Du mit der Locken Gold,
Komm' her und laß dich herzen,
Du bist so wunderhold!

Du siehst mich an so freundlich;
Ganz mit der Mutter Blick.
Es ist, als kämen plötzlich
Die Jahre all zurück! —

Ich bin hinausgegangen
Weit auf der Prärie Plan,
Wo nur der Blümlein Augen
Den fremden Wand'rer sahn.

Ich habe dort geträumet
Von längst vergang'ner Zeit,
Und still mit mir getragen
Mein letztes Herzeleid.

Die Mammuthhöhle in Kentucky.

(Juni 1870.)

Ich wanderte in dunkler Erde Schooß
Drei Tage lang durch ries'ge Höhlengänge, —
Ein Labyrinth, das unerfaßlich groß,
Mit endlos nie gezählter Meilen Länge! [1]

[1] Die Gesammtlänge der 72 erforschten „Avenues" (Straßen) in der Mammuthhöhle beträgt über 150 englische Meilen, und ist die Höhle noch lange nicht in allen ihren Theilen bekannt geworden. Die Führer, welche die Touristen begleiten, behaupten, daß sich die Höhle 200 englische Meilen weit ausdehne. Dieselbe erstreckt sich aber nicht in gerader Richtung in solche Entfernung, die sich vielmehr als ein Maximum auf diese Weise nicht über zwei deutsche Meilen ausdehnt. Ueber, unter und neben einander liegen die Höhlungen. Oft geht man stundenlang zwischen hohen Felsmauern auf breitem, glattem Wege, scheinbar immer in derselben Richtung, wandert dann nach rechts oder links wieder stundenlang durch andere gewundene Gänge, klimmt bergan wie auf einem Alpenpfade, zwängt sich durch einen Engpaß, steigt tiefer und tiefer in die Erde, überklettert eine förmliche Felsenwildniß, setzt in einem Kahn über einen Fluß oder fährt auf einem solchen entlang, und befindet sich plötzlich in einer neuen gewaltigen unterirdischen Straße, in einem riesigen Dom, einer wunderbar schönen Tropfsteingrotte, oder in einer Blumenkammer, die mit natürlichen Gyps- und Alabasterblumen geschmückt ist, aus der sich neue „Avenues" scheinbar endlos verzweigen.

In pracht'gen Sälen stand ich, die geschmückt
    Mit Trauben, Laub und blum'gen Steins Gepränge,
In welche nie der Sonne Strahl geblickt,
    Wo aus der Felswand Lilienkelche sprießen
    Und lichte Rosen, die kein Gärtner pflückt; —
Des „Lethe" [2]) dunkle Wasser sah ich fließen
    Und schiffte auf dem „Styx" [3]) im schwachen Kahn:
    Kein Wald am Ufer, keine grünen Wiesen,
Schroff strebte nah die Höhlenwand hinan,
    Pechschwarz, vom schmalen, nie betret'nen Strande;
    Die Lampen leuchteten auf feuchter Bahn; —
Ich stand an grauf'ger Schlünde nassem Rande,
    Und sah hinunter in die ew'ge Nacht;
    Lang folgte unser Aug' dem Feuerbrande,
Den wir geschleudert in des „Mälstroms" [4]) Schacht; —
    In „Gorin's-Dom" [5]) hab' staunend ich geschauet:
    Der Fackeln grelles Licht erschloß die Pracht
Der Felsen-Kathedrale, die gebauet
    In Erdballs Tiefen einst des Ew'gen Hand; —
    Des Führers Leitung hab' ich mich vertrauet,

---

[2]) [3]) Unterirdische Gewässer, 285 Fuß unter der Erde.

[4]) Ein 175 Fuß tiefer Schlund, in dem ein kleiner Wasserfall hinabstürzt. Er liegt neun englische Meilen vom Höhleneingange entfernt.

[5]) Der schönste der vielen unterirdischen Dome; er ist halbrund, 60 Fuß weit und etwa 200 Fuß hoch. Ein Theil der röthlichen Felswand in ihm ist von dem herabrieselnden Wasser ausgefurcht und gleichsam in Falten gelegt worden, und sieht aus wie ein riesiger Vorhang.

Der zu dem „Mammuth=Dom" [6]) den Irrweg fand;
  Es war, als ob in finst'rer Nacht wir schritten
  Durch wüste Felsenpässe; endlich stand
Ich in des ungeheuren Domes Mitten,
  Der auf der Kuppel Kentuck's Wälder hält; —
  Viel Stunden weit bin ich entlang geschritten
Die „Große Avenue" [7]) der Unterwelt:
  Sah über mir beim Lampen=Zwielichtschimmer
  Die Decke, wie bei Nacht das Himmelszelt,
Mit Sternlein zahllos dran in mattem Glimmer; [8])
  Die Felswand stieg wie ein Gebirg empor,
  Den Höhlengrund bedeckte Urgetrümmer; —
In graus'ge, schauerliche Schlucht verlor
  Mein Fuß sich auf den düstern Felsenpfaden,
  Als stünd' ich vor des Orcus finsterm Thor;

[6]) Der größte von den Domen in der Mammuthhöhle. Er ist
250 Fuß hoch und hat etwa die Weite der Paulskirche in
London. Riesige natürliche Säulen befinden sich darin, mit
ausgeschnörkelten Kapitälern, — die sogenannten „Korinthischen
Säulen".

[7]) Die Hauptstraße in der Mammuthhöhle. Sie hat eine Länge
von sechs englischen Meilen, ist 40 bis 100 Fuß hoch und
60 bis 300 Fuß weit.

[8]) Die sogenannte „Sternenkammer". Bei geschickter Beleuchtung
durch halbversteckte Lampen scheint sich die Höhle hier in ein
langes und tiefes Thal zu wandeln; Gebirge thürmen sich
empor, mit Schnee an den Abhängen; das Gewölbe nimmt
eine dunkelblaue Färbung an und hat sich in weite Ferne
erhoben, und unzählige lichte Puncte daran (Krystalle) blitzen
wie Sterne; dunkle Schatten ziehen als Wolken am Himmel
vorüber. Es ist dieses eine wunderbare Täuschung.

Da trat ich in die „gothischen Arcaden", [9)]
 Wo wie ein Feenreich die Höhle schien, —
 Als hätt' der Erdgeist mich zu Gast geladen,
Die Lampe mir vertraut des Aladin:
 Der Stalactite Silbersäulen standen
 Im prächt'gen Kranze, trugen leicht und kühn
Die Decke, ringsum blitzt' es wie Demanten,
 Die unter weiße Rosen hingestreut;
 Und um der Säulen Kapitäler wanden
Guirlanden licht ihr Alabasterkleid.
 Hier der Altar, allwo, so sagt die Kunde,
 Ein flücht'ges Brautpaar Hymen sich geweiht:
An hundert Fackeln strahlten in der Runde
 Ihr Licht von jedem Silber-Stalactit;
 Nie scholl solch' Weihewort aus Priesters Munde,
Der hier im Höhlentempel hingekniet!
 Wie horchten auf die Gnomen, als erklungen
 In ihrem stillen Reich das heil'ge Lied!
Aus tausend Klüften kamen sie gesprungen
 Und staunten an die sonnenlichte Pracht.
 Man sagt, sie Alle hätten mitgesungen
Mit leiser Stimme und geflüstert sacht;

[9)] Eine Reihe von prächtigen Tropfsteingrotten. Es befinden sich dort Stalactite von dreißig Fuß im Umfange. Im sogenannten „Hochzeitszimmer" sind dieselben besonders schön. In großem Bogen stehen sie dort rings um die Halle, während kleinere Zapfen wie eine Garnitur zwischen ihnen von der Decke hängen, und gewähren bei guter Beleuchtung einen reizenden Anblick.

Und nach der Feier hätten sie dem Pärchen
　　Das Glück, den Segen unsichtbar gebracht.
Und ich, der Dichter, dachte an dies Märchen,
　　Als, aus der Höhle kommend, müd' ich lag
　　Auf weichem Moos; laut zwitscherten die Lerchen
In blauer Höh', der Sonne Goldstrahl brach
　　Durch's dunkle Grün des Urwalds, laue Lüfte
　　Umkos'ten meine Stirn am Sommertag,
Und durch das Laubwerk wogten Blüthendüfte:
　　Und nahe lag, im tiefen Thalesgrund,
　　Von Wald umringt und wildem Felsgeklüfte,
Ein schwarzes Thor, der Mammuthhöhle Schlund.

Der Brand des Golddampfers „Golden-Gate"

— bei Manzanillo; 27. Juli 1862. —

Die Elemente hassen
Das Gebild der Menschenhand.

I.

Auf San Francisco's weiter Bai
    Kanonendonner schallt —
Des Goldschiff's Scheidegruß: „Glück auf!"
    von Berg zu Bergen hallt.
Das Sternenbanner hoch im Wind,
    du Schiff von Schätzen schwer,
Hinaus, hinaus durch's gold'ne Thor,
    hinaus in's große Meer! —

Die grünen Ufer, Hain und Feld,
    von California's Land,
Von bläulich-dunklem Waldgebirg'
    umrahmt, zur linken Hand,
Und rechts, zum fernsten Horizont,
    endlos der Ocean, —
So braust das Schiff gen Süden stolz
    auf blanker Wogenbahn.

Es wohnt ein fröhlich Menschenvolk
    im schimmernden Palast,
Das nach der fernen Heimath eilt,
    beschwert mit Goldeslast:
Der Miner, der die Erde wusch
    und gold'nen Mammon fand,
Und Andre, die Fortuna's Gunst
    beschenkt mit voller Hand.

Auf hohem Quarterdecke drängt
    sich fröhlich Alt und Jung
Und redet gern vom Vaterland
    aus der Erinnerung.
Gesang und heit'rer Scherz erschallt;
    man wird bekannt im Nu:
Auf freien Wassern fällt der Zwang,
    als wär's auf Du und Du.

Den Mädchen glühn vor Schelmenlust
    die Wangen, roth wie Blut;
Sie spielen lock'res Pfänderspiel
    mit keckem Uebermuth.
Ihr Lachen klinget glockenhell;
    wie strafen sie so gern
Recht grausam, sei'n sie noch so fremd,
    die goldbelad'nen Herrn!

Da plötzlich ruft's: Ein Wallfisch dort! —
  und an die Brüstung eilt
Der losen Mädchen munt're Schaar
  vom Pfandspiel unverweilt.
Notizenschreiber springen auf,
  das Unthier anzuschaun —
Welch prächt'ger Stoff für's Tagebuch!
  auf zwanzig Seiten, traun!

Und seht! dort hebt sich's schwarz empor,
  gewaltig, riesengroß!
Hoch steigen die Fontainen auf
  aus blauem Wellenschooß!
Tiefathmend schwellt um den Koloß
  das Meer in Fern' und Näh'.
Wer nennt die Wunder all', die birgt
  die ungeheure See!

Des Silbersprudels Perlenschaum
  der große Ocean trinkt;
Der kaum geseh'ne Riese still
  zum feuchten Abgrund sinkt.
Noch lange schaut man nach ihm aus; —
  die See ist öd' und leer:
Ihn deckt sein unermeßlich Reich,
  das meilentiefe Meer.

16

Dort kommen luſtig, rechts und links,
    in Reihen, dicht gedrängt,
Die Reiter auf dem Ocean,
    die Tummler hergeſprengt.
Lebendig wird die todte See!
    der greiſe Meergott hört
Das Hurrah von des Dampfers Deck,
    vom Schlummer aufgeſtört.

Im Wettlauf mit dem Dampfkoloß
    hin raſt die wilde Jagd,
Die Räder brauſen lauter drein,
    das Eiſen knarrt und kracht.
Am Bug entlang, vorbei am Kiel,
    hin ſtürzt der Schwarm wie toll;
Von krummen Rücken wimmelt's rings —
    das ganze Meer iſt voll.

Im fernen Süd, wo ſich die See
    in Helios Armen ſonnt,
Dort lagert ſchwarz ein Dampfgewölk
    am heitern Horizont.
Aus finſterm Schleier tauchet ſchnell
    des Oceanrenners Bau;
Der Silberſchaum ſtäubt licht empor
    aus tiefem Meeresblau.

Und näher, näher braust's heran.
    Die Wolke weht vom Bug;
Geschützruf dröhnt; hoch steigt am Mast
    das bunte Fahnentuch.
Ein Willkommruf, ein Lebewohl,
    und Gruß von Bord zu Bord; —
Zum Vaterlande diese ziehn,
    die dort zum gold'nen Port.

In gluthdurchwogte Fluthen sinkt
    im West der Sonnenball,
Und schnell umhüllt die Zaubernacht
    des Süds die Wasser all:
Da drängt man sich auf hohem Deck
    und wandert Arm in Arm
Und athmet Tropenwonne ein,
    in Lüften himmlisch=warm.

Doch manches Auge blicket still
    hinab in's Meer, im Traum,
Wo mit den gold'nen Funken spielt
    der weiße Wellenschaum.
Du leuchtend Meer, voll Demantglanz,
    wo jede Welle Gluth,
Die Menschen lockest du zum Tod
    mit gold'ner Zauberfluth!

II.

Schon schwand St. Lucas' Felsencap.
        Es liegt des Goldschiffs Pfad
Auf sanft bewegtem Wellenplan,
        nach Mexico's Gestad.
Des Südens Kreuz in Demantpracht
        steigt auf am Himmelszelt,
Das, tief geneigt, am Tropenkreis
        die gold'ne Wache hält.

Doch wie die Morgenröthe bunt
        des Ostens Fernen malt,
Erglüht der Cordillera Kamm,
        von Glorienschein umstrahlt;
Und plötzlich hebt, ein Meteor,
        das große Sonnenrad
Sich in des Aethers blaue Höh'
        von Erdballs ries'gem Grat.

Es fließt des Lichtes voller Strom
        vom Himmels-Azursaal
Auf's wunderreiche Mexico
        aus off'nem Weltportal,
Und durstig schlürfen Strahlenfluth
        der hohe Palmenhain,
Des blum'gen Cactus Stachelhaupt
        mit vollen Zügen ein.

Doch menschenleer der fremde Strand.
   Wie weit mit irrem Lauf
Das Fernrohr auch das Land durchschweift:
   kein blauer Rauch steigt auf
Als Zeichen, daß ein gastlich Dach
   zur Rast den Fremdling ruft,
Und einsam steht der Palmenbaum
   an tiefer Cañon=Kluft.

Kein breites Meer von Halmen dort
   in gold'nen Wogen glänzt;
Kein Pfad durchkreuzt den öden Plan,
   der das Gebirg' umkränzt;
Kein hoher Thurm den schlanken Bau
   zum blauen Himmel hebt;
Kein flüchtig Roß, kein buntes Rind
   das todte Land belebt.

Verlassen hüpft vom Bergeshang
   der silberklare Quell;
Er tränkte nur den Kuguar
   im kühlen Chaparral.
Die schlanke Antilope schlägt
   mit flücht'gem Huf den Plan,
Wie sie den Feuerrenner schaut
   auf weißer Meeresbahn.

Die Brandung peitscht den rauhen Strand.
    Hoch springt der weiße Gischt;
Es schnaubt der alte Ocean
    voll Ingrimm auf und zischt.
Jahrtausende schon stürmt er dort
    an dem granit'nen Wall;
Doch trotzig bricht der Continent
    den mächt'gen Wogenschwall.

Weh! wenn, mit Eisenrippen selbst,
    das Schiff dem Strand sich naht
Und sich mit scharfem Zahn der Fels
    im Kiel verbissen hat.
Da wird zu Rohr der stärkste Mast,
    zerknickt wie dürres Gras,
Und was der Mensch voll Kunst gefügt,
    zerschellt wie sprödes Glas.

Der Ocean schleudert's auf den Fels,
    die Brandung wirft's zurück,
Und langer Jahre kühnen Bau
    zerstört der Augenblick.
„Die Elemente hassen ja
    der Menschenhand Gebild“ —
Drum, stolzer Dampfer, habe Acht,
    wenn nah die Brandung brüllt!

Und höher steiget Helios
    empor am Firmament.
Die heißen Lüfte zittern all',
    als ob der Aether brennt.
Das Hochgebirge hüllet sich
    in bläuliches Gewand,
Und wie polirter Stahl erglänzt
    das Meer im Sonnenbrand.

Doch weiter unermüdet jagt
    der Dampfkoloß gen Süd.
Zum fernen Westen senket sich
    die Sonne am Zenith.
Ein kühler Lufthauch naht sich schnell
    vom gold'nen Abend her
Und malet kräuselnd seinen Pfad
    auf's spiegelblanke Meer.

Nach Manzanillo wendet sich
    des Oceanrenners Lauf.
Der weiße Fels, des Hafens Wacht,
    ragt breit vom Ufer auf;
Und jenseits thürmet wolkenhoch
    sich Colima's Vulcan:
Der alte Riese schlummert nur,
    zieht bald sein Blutkleid an!

Dort drüben war's, wo durch die Nacht
    aufleuchteten die Feu'r,
Wenn rothe Lava aufgeschürt
    cyklop'sche Ungeheu'r.
Jetzt schlafen sie im Bergesschooß,
    und sanft am Gipfel ruhn,
Wo jüngst der Esse Schlund gesprüht,
    die Silberwolken nun.

Voll Eifer drängt sich Jung und Alt
    zur Landseit' hin am Bord,
Am Felsenstrande zu erspähn
    den unbekannten Port — —
Da — Feuer! — Feuer! — schallt der Ruf;
    und tief im Schiffesrumpf,
Sich wild nach Freiheit sehnend, schnaubt
    die Flamme, schaurig dumpf.

Mit geisterbleichen Mienen stürzt,
    aus süßem Traum gestört,
Der Tagesschläfer Heer auf's Deck,
    wie es den Schreckruf hört.
Sie träumten von des Goldlands Pracht,
    vom lieben Vaterhaus,
In sanften Schlummer eingewiegt
    vom nahen Radgebraus.

Den feilen Mammon schleppen sie,
    getreu ihm bis zum Tod,
In schwerem Lederwams auf's Deck,
    als hülf' er aus der Noth.
In schrecklicher Verwirrung drängt
    sich scheu der Menschenschwarm,
Wie aus den Luken sich der Rauch
    hervorwälzt, schwarz und warm.

Das Sprachrohr heulet schaurig drein.
    Wild ruft's, wie Donner kracht:
„Zum Strand hinüber lenkt das Schiff,
    mit aller Dampfesmacht!"
Unsel'ges Wort! — unmöglich jetzt
    zu flüchten vor dem Tod
Bei dem gewalt'gen Rädersturm,
    im schwachen Rettungsboot!

Was gilt des Menschenlebens Werth,
    wenn Millionen Gold
Verloren gingen, sänk' das Schiff,
    wo tief die Woge rollt!
Das Gold, das Gold zu retten gilt's! —
    nun peitscht mit ries'ger Wucht,
Ihr Schaufeln, in die Fluth und jagt
    das Schiff in graus'ger Flucht!

Verzehnfacht reißt die Riesenkraft
     des Dampfs mit wilder Wuth
Den todgeweihten Renner tief
     durch die empörte Fluth.
Die Räder kreisen durch die See,
     als ob die Angst sie jagt;
Die Wogen brausen bis auf's Deck,
     daß selbst der Muth verzagt.

Und schneller, als die Flamme frißt,
     kommt schon vom fernen West
Mit Macht der Sturm; es rief ihn laut
     die Braut zum Hochzeitsfest.
Im engen Kerker tobt die Gluth,
     wie sie den Bräutigam hört,
Der, sausend zwischen Mast und Raa'n,
     vieltausend Flüche schwört.

Schon wird der Boden glühend heiß —
     da — plötzlich bricht's hervor,
Und züngelt, lechzend nach dem Raub,
     zum Mastkorb hoch empor.
Die Lohe jauchzet himmelan,
     wie sie den Sturmwind fühlt,
Der mit der Liebsten Flammenhaar
     in wilder Wollust spielt.

Jetzt drängt man in die Böte sich
    mit Wuth und Todesgraun.
Voll Menschenlasten krachen sie.
    Das Angstgekreisch der Frau'n,
Der starken Männer Fluchgebrüll,
    zertret'ner Kinder Weh,
Der Flammen Prasseln überdröhnt
    den Sturm und Lärm der See.

Noch kämpft man um ein Rettungsboot
    mit wüthendem Geschrei,
Da hackt mit scharfem Hieb das Beil
    den letzten Strick entzwei.
Vom Krahn hinunter fällt in's Meer
    der menschenschwere Kahn;
Doch wehe! nicht zur Rettung trägt
    ihn fort der Ocean.

Und wie des Mälstroms Wogenschlund
    des Nordmann's Schiff verschlingt,
Wenn in des Eismeers Winternacht
    er mit der Sturmfluth ringt,
So reißt, vom Rädersturm gepeitscht,
    mit gier'gem Wirbelmund
Die Südsee, schrecklich wenn sie zürnt,
    das Boot zum Meeresgrund.

Wie weißer Geifer kreist der Schaum
    auf nimmersattem Meer.
Schon wieder sinkt ein Rettungsboot,
    von Todesbeute schwer.
Ein Schreckensruf! Ein Hülfeschrei!
    und starren Blickes schaun,
Die eben noch voll Wuth getobt,
    des nahen Todes Graun.

Jetzt bricht der Männer nerv'ger Arm
    vom Bord die Bretter weg;
Man schnürt sich an die Planken fest —
    ein morscher Rettungssteg!
Die Säcke Goldes wirft man fort,
    um frei und unbeschwert
Der See zu trotzen, die ringsum
    mit gier'gen Schlünden gährt.

Von Dollars glitzert das Verdeck,
    als wär's ein Faschingsscherz;
Der blanke Mammon rollt umher,
    als wär's gemeines Erz.
Du Menschheits Abgott, feiles Gold,
    wie du verächtlich schaust,
Wenn dich der Elemente Wuth
    im Todgewand umbraust!

Ein starker Schwimmer um die Brust
 ein goldschwer Koller schnallt:
Er hofft's zu tragen an den Strand
 durch Gischt und Sturmgewalt.
Da faßt ein blutjung Frauenbild
 ihn bittend um das Knie;
Ein weinend Knäblein, wunderhold,
 hält hoch im Arme sie.

„O rette Du mein Kind, mein Kind!
 laß fahren dort Dein Gold!
Der Himmel wird Dir gnädig sein,
 wenn Dich die Fluth umrollt!
Gern will ich sterben, güt'ger Gott,
 nur schütze mir mein Kind,
Und flöß' dem Mann Erbarmen ein,
 Erbarmen für mein Kind!"

Der wischt sich sacht die Thräne weg,
 die sich in's Auge drängt,
Und schleudert schnell den Goldsack fort,
 den er sich umgehängt. *)
In starken Armen hebt er hoch
 das heil'ge Unterpfand —
Ein Engel hat ihm zugeschaut;
 trägt lebend beid' an's Land.

*) Historisch.

Dort bückt ein geiz'ger Alter sich
    und sammelt auf das Geld
Und sucht's zu haschen, wie's so blank
    ihm vor die Füße fällt.
Er pfropfet alle Taschen voll
    und lächelt recht verschmitzt,
Daß ihm ein goldschwer Lederwamms
    so straff am Gürtel sitzt.

Ob Hand und Knie auch zittern ihm,
    für ihn ist's Festtag heut'.
Er blickt nicht unter sich in's Meer,
    das auf den Raub sich freut.
Der Teufel lacht sich in die Faust,
    wie er den Narren schaut,
Der sich, mit Goldeslast beschwert,
    den Wogen anvertraut.

Hier drängen weinend Kinder sich
    um Schutz zum Mutterschooß.
Von zarten Wimpern träufeln schnell
    die Thränen, hell und groß.
Ihr guten Kindlein, Mutterschooß
    soll euch die Woge sein,
Wo die Korallenrosen blühn
    im ew'gen Dämmerschein.

Die trägt in schnee'gem Arme euch
    in ein smaragd'nes Haus,
Wo zwischen Schilf und Muscheln ziehn
    die Wellen ein und aus
Und niemals euch erschrecken soll
    das Meeresungethüm,
Und legt euch in ein weiches Bett
    von buntem Seegeblüm.

Und's Mütterchen wird schlafen gehn,
    ganz nah am Wiegenbett.
In gold'ne Träume soll die Well'
    euch plätschern früh und spät.
Kommt! küßt der Mutter Thränen fort
    und streichelt ihr die Hand, —
Ein kurzes Weh — und ew'ge Ruh'
    im feuchten Wunderland! —

Seht! gierig leckt die Flamme jetzt
    die Masten hoch hinan!
Zum Bugspriet drängt, vorm Flammentod
    zu retten sich wer kann.
Des Dampfes Kraft verdoppelt sich
    durch ungeheure Gluth
Und reißt das Schiff im Blutgewand
    wie teuflisch durch die Fluth.

Und näher, näher stürzet sich
    zum Felsenstrand das Schiff,
Und immer fester packet es
    die Gluth mit Höllengriff.
Da kracht's gewaltig; der Koloß
    erbebt auf grauf'ger Flucht:
Es fällt das Hurrikanverdeck
    mit bergesschwerer Wucht.

Die Funken wirbeln höher auf.
    Der Menschen Wehgeschrei,
Der wilde Sturm, um Mast und Raa'n
    gepeitscht wie pfeifend Blei,
Der Flammen gieriges Gejauchz',
    der Brandung Donnerschlag —
Ein höllisch Durcheinander das
    an diesem Schreckenstag!

Die Felsen ragen trotzig auf
    und zeigen, scharf gezackt,
Der Brandung Wuth die nackte Brust,
    die sie mit Ingrimm packt.
Der Dampfer raset hin wie toll
    zu dem granit'nen Damm,
Dort, wo die Woge thurmhoch hebt
    den silbergrauen Kamm.

Da faßt ein tück'scher Felsblock fest
  des Goldschiffs flücht'gen Kiel.
Der Ocean stürmet über's Deck —
  der Renner ist am Ziel.
Zersplittert stürzen Mast auf Mast.
  Es ringen Fluth und Feu'r
Um ihren Raub auf hohem Riff,
  zwei ries'ge Ungeheu'r.

Den Schleier deck', o Muse du!
  auf namenloses Weh:
Den Todeskampf der Armen dort
  in schreckenswilder See.
Nur Wen'ge schleudert lebend noch
  die Brandung an's Gestad;
Dort irren in der Wildniß sie
  auf menschenleerem Pfad.

III.

Die gold'ne Sonnenscheibe taucht
  hinab in's große Meer;
Tief schwellend rollt der Ocean
  die Purpurfluth daher.
Die Winde schweigen, schreckensstumm,
  und nur die Brandung spricht
Mit Donnermund den alten Grimm,
  wie sie das Wrack zerbricht.

Es liegt auf ödem Felsenriff
        ein einsam Eisenrad,
Und durch die rothen Speichen rauscht
        die Woge, beutesatt.
Des Dampfes eisern Rüstzeug ragt
        daneben schwarz empor:
Doch aus den kalten Schlünden wallt
        kein lust'ger Rauch hervor.

Des Nereus Töchter spielen froh
        am Grund mit blankem Gold,
Dem Lohn des Schreckens, den der Mensch
        dem Meeresgott gezollt.
Mit Leichen tändelt auf und ab
        der muntre Wellentanz;
Auf kalte Stirnen drückt den Kuß
        der Abendsonnenglanz.

Da kommt die Nacht mit leisem Schritt
        und deckt ihr Trauerkleid
Auf Land und Meer, auf starren Tod
        und grenzenloses Leid.
Und ernst blickt auf das Schreckensgrab,
        ein ew'ges Monument,
Der Feuerberg von Colima,
        der hoch im Aether brennt.

Idylle auf Russian Hill. *)

1871.

Ich hab' an diesem fremden Strand
Ein Plätzchen traut gefunden,
Dahin ich oft und gerne geh'
In stillen Abendstunden.

Inmitt der großen Goldstadt liegt's,
Doch fern vom Weltgetümmel,
Wo näher auf des Berges Höh'
Der tiefe blaue Himmel.

Ich steige langsam hoch hinan
Und seh die Häuser sinken,
Und manchen wohlbekannten Ort
Vertraut herüber winken.

*) Ein 360 Fuß hoher innerhalb des Weichbilds der Stadt
San Francisco gelegener Berg. Er wurde nach den Russen
benannt, welche, ehe Californien an die Vereinigten Staaten
fiel, an dieser Küste und auch an der San Francisco (damals
Yerba Buena) Bai zahlreiche Handels = Stationen (trading
posts) hatten und namentlich den Seehundsfang auf groß-
artige Weise ausbeuteten.

Ein herrlich Bild das Aug' erfaßt
Von grünen Gipfels Kranze,
Wenn Land und Meer sich festlich schmückt
Im Abendsonnenglanze.

Zu Füßen dehnt die Stadt sich aus,
Von heller Fluth umflossen;
Ein Silbermantel hat die Bai
Herzinnig sie umschlossen.

Wie weiße Schwäne ziehen still
Die Segel auf und nieder,
Mit Wolkenfahnen hinter sich
Die Dampfer hin und wieder.

Die Felsenburg von Alcatraz
Umwogen helle Fluthen,
Die Mauern, schimmernd wie Rubin,
Umstrahlt von Sonnengluthen.

Die Küste ziehet jenseits fern
Sich hin in duft'ge Weite,
Mit weißen Häusern dicht besä't
Des niedern Strandes Breite;

Und Mount Diablo's dunkles Haupt
Blickt über Land und Wellen
Hinaus, wo durch das gold'ne Thor
Des Weltmeers Wogen schwellen.

Ich weile in Gedanken lang'
Allein auf Berges Krone,
Und schau' hinunter auf die Stadt,
Als wär's aus fremder Zone.

Es führt' ein wechselndes Geschick,
Von wenig Freud' umgeben,
Vor kurzer Zeit zu ihr mich hin,
Im sturmbewegten Leben.

Wohl hatt' ich warme Freunde oft
Im fremden Land gefunden,
Doch heimisch fühlt' ich nirgends mich,
Wie's hier mein Herz empfunden.

So manche heit're Stunde hat
Mich innig hier erfreuet,
Von der Erinnerung im Geist
Wie Perlen aufgereihet.

O, möge, wie dich traut umschlingt,
Du Stadt dort, klar die Welle,
Das Glück, die Freude heimisch sein
Auf deiner gold'nen Schwelle! —

Allmählig dunkelt's um und um;
Es kommt am Himmelsbogen
Aus blauer Aetherstiefe still
Der Sterne Heer gezogen.

Die grauen Nebel wallen sacht
Vom gold'nen Thor herüber,
Der fernen Küste Purpursaum
Wird matter stets und trüber;

Und unter mir entzünden sich,
In Reihen, immer dichter,
Ein Sternenfächer, feenhaft,
Zahllos der Goldstadt Lichter.

Und langsam steige ich hinab
Zum Lärm der Straßen wieder,
Und trage heim von stiller Höh'
Mit mir viel gold'ne Lieder.

Das „Kliffhaus".

März 1871.

Frischauf! in's Geschirr die Rosse gespannt!
Zum „Kliff", wie der Sturmwind zu jagen;
Den Löwen des Meers an der Südsee Strand
Einen guten Morgen zu sagen!
So herrlich die Luft! — es ladet ein
In's Freie der goldene Sonnenschein! —

Schon greifen die Rosse muthig aus
Und es kreisen rascher die Speichen,
Und einsamer stehn Palast und Haus,
Wenn die Straße zum Meer wir erreichen.
Wie ein friedlicher Landsee, von Hügeln umkränzt,
Die schimmernde Bai herüberglänzt.

Ho! Schneller vorwärts auf hartem Grund! —
Wir haben viel frohe Genossen,
Die Alle in sonniger Morgenstund'
Die Fahrt nach dem „Kliffhaus" beschlossen;
Im Wettlauf fliegen Gefährte, Gespann
Die sanft aufsteigende Straße hinan.

Das jagt auf dem Kies wie im Sturme entlang,
Die Dünenberge zur Seite!
Wer sieht ihn zuerst den Wogendrang
Und des schwellenden Oceans Weite? —
Das Meer, das Meer, das unendliche Meer,
Dort blitzt es im Sonnenglanz zu uns her!

Und vor uns liegt, am Strand erbaut,
Das „Kliffhaus", das Hügel umsäumen,
Das hinaus auf den brausenden Ocean schaut,
Wo die Wogen sich donnernd bäumen;
Wo die Löwen des Meers auf nahem Riff —
California's Stolz —, das romantische „Kliff"! —

Kein Fremder die Goldstadt je betrat,
Der hinaus zum „Kliff" nicht geeilet.
Wie manches zärtliche Pärchen hat
Auf breiter Veranda verweilet!
In zaubrischer Mondnacht, wie prächtig=schön,
Den Anprall der silbernen Brandung zu sehn! —

Hier, Bursche, nimm uns die Renner in Acht,
Und kühl' mit dem Schwamme die Nüstern!
Und, Freund, tritt näher Du, mit Bedacht,
In's Gemach, wo die Kohlen knistern! —
Von heißem Mokka, den Labtrank her! —
Und jetzt auf die kühle Veranda am Meer!

Einen Gruß euch, ihr ries'gen Gesellen dort
Auf dem Felsen, umkreiset von Möven!
Was zanket und lärmt ihr immerfort
Und brüllt, wie leibhaftige Löwen?
Hat der donnernden Brandung Sturmgeroll
Euch wieder gestimmt so unmuthvoll?

Du plumper Bursche, mit glattem Fell,
Ben Butler,*) Du schlimmster von Allen,
Deine mürrische Miene, alter Gesell,
Will mir heute gar nicht gefallen!
Was that Dir der braune Kleine zu leid,
Den in's Wasser Du drängst im läppischen Streit?

Das ist ein seltsamer Anblick, traun!
Auf dem nahen Felsengerüste
Des Oceans Ungeheuer zu schaun,
Zu belauschen beim häuslichen Zwiste.
Ihnen giebt in der Felsenwohnung da
Den gastlichen Schutz California.

Ihrer Hundert sonnen den riesigen Leib
Auf der Klippe und brüllen und recken
Sich unbeholfen, zum Zeitvertreib.
Wenn die Schultern empor sie strecken,
So ist's, als sähe man dort das Bild
Eines mächtigen Löwen, der zornig brüllt.

*) Der Name eines besonders zanksüchtigen Seelöwen.

Und Andere schwimmen im Wasser herum,
Oder suchen den Fels zu erklimmen
Auf plumpen Flossen, mit zorn'gem Gebrumm.
Und der Wogen brausende Stimmen
Ertönen dazwischen mit dumpfem Klang —
Der Brandung ewiger Donnersang!

Doch hinaus der Blick auf den Ocean schaut,
Wo die Himmels Riesenkapelle
Ihr blaues Gewölbe aufgebaut
Auf der Fluthen schimmernder Schwelle:
Hinaus in das Meer, der Unendlichkeit Bild,
Das mit Staunen das menschliche Auge erfüllt.

Wie Silber umkränzt die Brandung den Strand,
Und es donnern die mächtigen Wogen:
Sie kamen von Japan's Inselland
Fünftausend Meilen gezogen;
Sie fanden von Orients letztem Gestad
Zu des Westens gold'nem Thore den Pfad.

Wie Wolken liegen am Horizont
Die Inseln der Farallonen,
Wo der Albatroß und die Möve wohnt
Mit geflügelten Millionen, —
Und der Wächter allein auf einsamem Thurm,
Mit dem leitenden Licht im donnernden Sturm.

Es ziehen auf bläulichem Wellenplan
Viel Segler mit schimmernden Schwingen,
Und mächtige Dampfer furchen die Bahn
Mit kreisenden Rädern; es bringen
Von fernsten Gestaden sie reiche Pracht,
Und tragen zurück die goldene Fracht.

Dort liegt zur Rechten das „gold'ne Thor",
Dem sie kreuzend entgegenstreben;
Bonita's Leuchtthurm raget empor,
Ihnen Allen den Willkomm zu geben.
Und eilt ihr zurück in froher Stund', —
Grüßt die Heimath vom anderen Erdenrund!

Du Segler mit hohen Masten da,
Willst der Fahne Schmuck Du entfalten? —
Das Banner ist's von Germania! —
Stolz magst Du empor es halten!
Dir winket den Frieden vom Vaterland
Von des „Kliffs" Veranda die deutsche Hand!

White Sulphur Springs.

4. Juni 1871.

In Napa's sonn'gem Thale wo
Die knorr'gen Eichen vollbelaubt
Und breitgeästet malerisch
Zerstreut auf allen Feldern stehn;
Am Rebenstock die saft'ge Frucht
In selt'ner Segensfülle reift;
Des Farmers Fleiß die Fluren deckt
Mit hundertfält'ger Ernten Pracht;
Die Häuser wie im Festtagskleid
Von Blumenschmuck umgeben sind,
Und von den grünen Bergen her
Der leise Wind den frischen Duft
Der Wälder trägt, — im Napathal,
Dort liegst du, reizendes Idyll,
White Sulphur Springs, du schönster Ort
In California's Paradies! —

Von St. Helena bringet dich
Dein leichter Wagen hin, bespannt
Mit muth'gen Rossen; neckisch springt
Ein klarer Bach thalab und sagt
Dir frohen Gruß vom Waldgebirg;

Von hundertjähr'gen Eichen fällt
Der Schatten auf den Weg und kühlt
Der Sonne Gluth, die warm herab
Aus Aethers blauer Tiefe quillt,
Und waldbedeckte Höhen steh'n
Zu beiden Seiten herrlich da,
Vom Azurhimmel überdacht.

Und sieh'! in dieser Einsamkeit
Liegt nah' vor dir ein lieblich Bild:
Rings schmucke Wohnungen, zerstreut
Im dunklen Grün, die laden dich,
Als wären alte Freunde sie,
Mit off'nen Thüren gastlich ein.
Die waldgekrönten Berge schau'n
Von allen Seiten hoch herab;
Aus ihrem Schooße sprudeln warm
Die Schwefelquellen in das Thal,
Und tiefe Cañon=Klüfte zieh'n
In's Urwaldsdunkel sich hinaus.

Wie reizend jener schatt'ge Park,
Mit Stiegen, breit und wohlgepflegt,
Mäandernd unterm grünen Dach!
Ist es ein deutscher Hain, der hier
Im fremden Lande mich begrüßt?
Fast glaub' ich's, denn des Flieders hier
Und der Akazie Blätterschmuck

Und der Kastanien dunkles Laub
Sind wie daheim im deutschen Land;
Doch fremd erscheint der Lorbeer dort,
Der starre, mit dem glatten Blatt,
Der braune Manzanitastrauch
Und der Madroñas gelber Stamm,
Und fremder Wohlgeruch erfüllt
Die laue Luft, und fremd erklingt
Der Vöglein Sang.

      Auf dieser Bank
Im kühlen Schatten setz' ich mich,
Zu athmen hier des Waldes Duft
Und ungestört von fern zu schau'n
Der muntern Kinder frohes Spiel,
Die auf des Rasens grüner Flur
Sich jauchzend tummeln, voller Lust.
Es eilen die Gedanken fern
Zur Heimath über Land und Meer,
Und alte Bilder schweben licht
Zurück in traute Gegenwart.
Da wird der Park zum deutschen Hain;
Die Vöglein singen deutschen Sang;
Die Sonne, die durch's Laubdach blinkt,
Sie ist die deutsche Sonne auch! —
Und stille Freude kehret ein
In meines Herzens off'nes Haus.

Sommernacht am Pluton.

3. Juni 1871.

In stiller Sommernacht war ich alleine
Auf einsamer Veranda noch geblieben,
Wo in dem wild-romant'schen Plutenthale
Das „Geyserhaus" am grünen Berghang dasteht.
Es rückte näher schon der Mittnacht Stunde,
Und hinter's dunkle Waldgebirge sanken
Hinab des gold'nen „Wagens" letzte Sterne.
Nichts regte sich. Kein Blatt am Eichbaum rauschte,
Durch dessen vollen Laubwerks dunkle Krone
Nur hier und da ein helles Sternlein blinkte;
Das buntgefleckte Rehlein, angebunden
Am knorr'gen Baumstamm, hatte sich gelagert
Und längst geschlossen seine klaren Augen;
Die Vöglein alle schlummerten; nur selten
Noch flatterte mit seinen sammt'nen Schwingen
Ein Falter von dem wald'gen Thal vorüber; —
Und drüben an dem finstern Berge wogten
Die weißen Dämpfe in der Schlucht der Geyser
Und schwangen lautlos wie ein Geisterreigen
Die lichten, immer wechselnden Gestalten
Hinauf zum dunkelblauen Sternenhimmel.

Ich schritt hinunter auf dem weißen Pfade
Zum wald'gen Thalgrund, wo im rauhen Bette
Der Pluton zwischen Felsentrümmern rauschet,

Von mächt'gen Sycamoren überschattet.
Es sendet warme schwefelige Fluthen
Ihm zu die nahe Schlucht der heißen Geyser,
Wo tausend Quellen aus dem Boden kochend
Aufsprudeln, und des Dampfes weiße Säulen
Durch enge Spalten aus dem Felsgrund steigen,
Der wie verbrannt von unterird'schem Feuer.
Auf einem Felsblock setzte ich mich nieder,
Der auf dem flachen Strand des Pluton ruhte,
Und sah die weißen Dämpfe aufwärts wogen
Und wie ein Schleier auf den Wipfeln lagern
Der dunklen Lorbeer= und Madronenbäume.
Des Dampfes Stöhnen konnt' ich deutlich hören,
Als müßten böse Geister sich im Berge
Ein menschenfeindlich Werk emporzufördern.
Doch stiller Friede war im schatt'gen Thale,
Und selbst des Dampfes seltsam dumpfes Brausen
Und das Geräusch der schäumenden Cascaden
Im Pluton stören nicht die Waldesruhe.

Wie die Gedanken sich im Geiste drängten,
Als ich allein beim matten Licht der Sterne
Um Mitternacht in dieser Wildniß weilte!
Des eig'nen Lebens Bilder kamen leise
Und schnell verschwimmend, wie die Dämpfe stiegen
Am nahen Bergeshang, vor meine Seele:
Der fernen Heimath friedliche Gestalten —
Der Buchenhain, des Balt'schen Meeres Fluthen,

Das Vaterhaus inmitten hoher Linden,
Des Bruders traute Wohnung, wo die Musen
Mit heiterm Blicke mich zum Dienst geweihet,
Der Mutter Grab, umhangen von Cypressen;
Und dann des sonn'gen Südens Prachtcontouren,
Magnolienwälder und Orangenhaine,
Savannen und die weißbeblümten Felder;
Der Alpen wolkennahe Silbergipfel,
Die blauen Lagos in Italia's Fluren,
Der ries'ge Mississippi, Eb'nen endlos,
Des moosbehängten Urwalds hohe Hallen
Und Wüsteneien und der Tropen Anmuth,
Das Goldland, meine neue schöne Heimath.

So träumend weilt' ich lang am Strand des Pluton,
In sommerlicher Nacht, beim Sterngeflimmer,
Und lauschte still des Dampfes Geisterstöhnen,
Dem linden Lufthauch, flüsternd in den Zweigen,
Des Wassers Rauschen über fels'gem Grunde.
Da plötzlich ward es heller in dem Thale,
Und über's finstre Waldgebirge hob sich
Des Mondes volle Scheibe, klar und prächtig,
Und strebte aufwärts zu den blauen Höhen.
Und dichter wälzten sich die weißen Dämpfe
Der Geyser hoch empor am dunklen Abhang
Und lagerten wie Wolken am Gebirge,
Vom Silberlicht des Mondes hell umsäumet.

Der Goldmantel des Mount Davidson. *)

Und wieder trägt sein Goldgewand
Der König der Berge im Silberland!

Sechs Jahre steht er im grauen Kleid,
Sein staubiges Haupt wie mit Asche bestreut;

Dann liegen im festen Schlafe die Zwerg'
Auf silbernem Lager im tiefen Berg.

Doch wenn der Lenz zum siebenten Mal
Mit Blumen wandert durch Feld und Thal,

Geht leises Geflüster durch Bergesgrund,
Und es ruft durch die Felsen mit Geistermund:

Wacht auf, ihr Schläfer, der Lenz hat gebracht
Dem König Nevada's die goldene Pracht!

*) Der 8500 Fuß hohe Mount Davidson im Staate Ne-
vada, in dem die reichsten Silberminen der Welt, die der
Comstock-Erzader, liegen, zeigt, wie alle Berge in jener Gegend, an seinen Abhängen nur eine äußerst kümmerliche und
halb verdorrte Vegetation, und gewährt einen traurigen Anblick. In jedem siebenten Frühling dagegen erblühen
glänzende goldgelbe Blumen auf ihm in seltener Fülle, bedecken
den ganzen Berg und geben ihm unter den umliegenden öden
Hügeln und Gebirgskuppen alsdann ein gar prächtiges Aus-
sehen. Im Jahre 1871 trug Mount Davidson wieder seinen
Goldmantel.

Da wird's lebendig tief unten dort;
Die Zwerge erwachen und eilen fort,

Hinauf durch die Hallen, die Gänge schnell —
Wo die Felswand glimmert, von Silber hell,

Und in Massen liegt das edle Gestein
Und blinkt bei der Ampeln zitterndem Schein.

Sie steigen aus kalter Erde Schacht
Hinauf, wo die warme Sonne lacht,

Und begrüßen den Lenz, der in Jugendglanz
Geschmückt ist mit leuchtendem Blumenkranz.

Wie ein strahlender Regen fallen licht
Aus dem Kranze ihm goldige Blumen dicht;

Die haschen die Zwerge, geschwind, geschwind,
Wie sie glitzernd und prangend flattern im Wind,

Und schmücken damit des Berges Höh'n,
Wie mit goldenem Mantel, zaubrisch schön; —

Und königlich trägt er sein Goldgewand,
Der reichste der Berge im Silberland!